本书出版由"科技仓
务费——商科特色
资助

文本阅读中
概念通达效果研究

陈红敏 著

WENBEN YUEDUZHONG
GAINIAN TONGDA XIAOGUO YANJIU

知识产权出版社

全国百佳图书出版单位

图书在版编目（CIP）数据

文本阅读中概念通达效果研究/陈洪敏著. —北京：知识产权出版社，2018.8

ISBN 978-7-5130-5691-5

Ⅰ. ①文… Ⅱ. ①陈… Ⅲ. ①读书方法—研究 Ⅳ. ①G792

中国版本图书馆 CIP 数据核字（2018）第 163902 号

内容提要

阅读能力是学习能力的重要组成部分，文本阅读的概念提取研究能够帮助读者建构阅读内容的情境模型，更好地理解文本的意义。而文本中的中心概念是与读者建构情境模型关系最为密切的词，本书在一系列研究的基础上，提出了"事件相关中心"确定方式，并通过系列实验验证发现，相对于词频相关和标题相关中心确定方式，由事件相关中心确定的中心概念与文本中其他概念联系紧密，概念通达和再认提取更容易，能够帮助阅读过程中的信息激活，从而维持局部连贯和整体连贯，阅读完文本后最终建立一个情境模型。本研究对于了解个体阅读过程中的信息加工机制，提高学生的阅读能力和培养学习能力方面提供了重要的参考依据。

责任编辑：龚 卫　　　　　　责任印制：刘译文

文本阅读中概念通达效果研究

陈红敏　著

出版发行：知识产权出版社 有限责任公司	网　址：http://www.ipph.cn
	http://www.laichushu.com
电　话：010-82004826	
社　址：北京市海淀区气象路 50 号院	邮　编：100081
责编电话：010-82000860 转 8120	责编邮箱：gongwei@cnipr.com
发行电话：010-82000860 转 8101	发行传真：010-82000893
印　刷：三河市国英印务有限公司	经　销：各大网上书店、新华书店及相关专业书店
开　本：880mm×1230mm　1/32	印　张：6.125
版　次：2018 年 8 月第 1 版	印　次：2018 年 8 月第 1 次印刷
字　数：156 千字	定　价：25.00 元
ISBN 978-7-5130-5691-5	

前言

　　阅读是智慧的源泉。作为人类最重要的学习活动，阅读是人们获取信息、了解世界、掌握知识、发展智力、情感交流的重要手段。作为一种终身必备的技能，阅读能力是学习其他一切学问的基础。一个成功的阅读者需要三阶阅读能力：首先是学会阅读（learning-to-read），这部分能力是阅读的必备基本技能；其次是为获得信息而阅读（reading-to-learn），从中获得新的信息和知识；最后是为实践而阅读（reading-to-do），这一层阶的阅读已经超越阅读理解本身，而扩展到了批判性思维层面。文本阅读概念通达的信息加工机制研究有助于提高读者获得信息的阅读能力，进而为批判性阅读打下基础。

　　文本阅读是人类独有的一种认知活动，也是人们获取信息的重要途径之一。文本阅读研究不仅有助于揭示人类认知活动的本质和规律，还可以为中小学阅读教学实践提供指导，为机器阅读、人工智能等技术的发展提供心理学基础，促进心理学、教育学和认知科学等学科的发展。因此，文本阅读研究既有重要的理论和学术意义，也有重要的实践和应用价值。对文本阅读中有关信息的理解和加工一直是阅读心理研究的核心内容，也是心理学界十分重视和关注的重要课题。

本研究关注的是文本阅读中概念通达效果的研究，通过了解文本中概念是如何提取的，能够进一步探知文本中的概念是如何与文本中不同层面的信息（如字词、句子和篇章）建立连接的，进而发现概念与文本信息的通达机制。当前文本概念提取的研究存在一个重要分歧：中心概念比边缘概念提取更快，还是相反。虽然不同的研究得出了不同的结论，但都力图揭示文本阅读中概念提取的信息加工机制。一般认为，重要信息比次要信息更有可能性被回忆和再认。有的研究却发现了不一致的结论，边缘概念比中心概念更容易提取。本研究将通过系列实验对这些研究的不一致之处进行比较，将前人研究采用的脚本文本和记叙文本、不同的中心概念确定方式、干扰词类型等因素综合起来进行考察，以期发现影响文本阅读中概念提取的主要因素以及不同文本材料中概念提取和通达的信息加工机制。

CONTENTS

目　录

第一章　文本阅读研究概述

第一节　文本阅读概述

阅读是人类社会的一种重要而独特的活动，阅读研究一直是语言学家、心理学家与心理语言学家研究的重要内容。西方文本阅读研究最早始于 19 世纪末期，严格的文本阅读研究也于 20 世纪 30 年代就已出现，特别是 80 年代以来，文本加工成为阅读研究的热点。到目前为止，文本阅读研究经历了若干阶段的完善，在理论基础、研究技术、实际应用等方面都得到很大的发展。

一、文市阅读的实质与共识

文本阅读过程实质上就是读者在头脑中建构起关于文本内容、层次及主题的表征系统的过程。Kintsch 和 van Dijk 提出了文本阅读表征理论（Kintsch & van Dijk，1978；van Dijk & Kintsch，1983），该理论认为，在文本阅读理解过程中，读者会建立起三种层次的表征，分别是字词水平的表层表征（surface code）、语义水平的课文基础表征（text base）与语篇水平的情境模型（situational model）。表层表征是指对文章中字、词、句法进行的表征；课文基础表征则指对文章所提供的语义及等级层次结构关系所形成的表征，它表征句子和文章意义的一系列命题，而非字词和句法；情境模型指读者根据自己的背景知识对文章的信息进行整合而形成的文章整体的、连贯的表征，它表征关于文章的内容或由课文明确陈述的信息与背景知识相互作用而建立的微观世界，是比表层表征和课文基础表征更深层次的表征。在情境模型的建构过程中，当前加工信息与背景信息相整合，形成局部与整体都连贯的心理表征。局部连贯是把最新读到的句子的每个命题与当前工作记忆中处于激活状态的命题（当前 1~3 个句子中的命题）进行联系的过程；而整体连贯是将新出现的命题与文章中先前遇到的命题（已超出工作记忆的范围）或与有关的一般世界知识建立联系的过程。Kintsch 和 van Dijk 认为，文本阅读理解就是要形成心理表征，最应该引起注意的是课文基础表征和情境模型。文本阅读表征三层次的关系如图 1-1 所示。

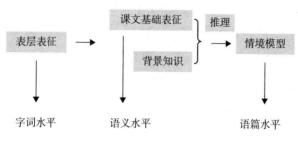

图 1-1　文本阅读表征三层次的关系

　　Kintsch 和 van Dijk 的文本阅读表征理论在文本阅读研究领域具有里程碑的意义，该理论提出的文本阅读理解过程实质上就是文本阅读表征的建立过程的观点，引领了文本阅读认知过程研究的总方向，自此，关于文本阅读的研究主要是围绕 Kintsch 的文本表征理论展开。20 世纪 90 年代以来，最有特色的文本阅读表征理论当推 Zwaan 等人于 1995 年提出的事件标记模型（Event-indexing model），该理论从细节上对心理或情境模型的加工进行了说明（Zwaan, Magliano & Graesse, 1995）。他们认为，事件是情境模型的焦点，事件一般包含多个维度，如空间（spatial relation）、时间（temporal relation）、因果（causal relation）、主体（protagonists）和目标（goal）等，读者可以根据任何一个维度形成关于故事事件或行为的情境模型。为了进一步分析情境模型，Zwaan 等人又区分了三种类型的情境模型：当前模型（current model）、整合模型（integrated model）和完全模型（complete model）。同时他们还区分了情境模型加工的四个典型过程：建构（constructing）、更新（updating）、激活（retrieving）和聚焦（foregrounding）。根据他们的理论框架，读者在阅读开始时首先建构一个由单个句子或短语描述的情境形成的当前模型；当他们继续读下去的时候，每个句子产生一个新的当前模型；来自所有句子的信息进而整合成一个模型，称为"整合模型"。把新句子融入整合模型的过程称为"模型的更新"。在阅读过程中，读者可能更关注于某一些类型的信息，而非其他信息，这个过程称为"聚焦"。当读完所有句子以后，整合模型就作为完全模型存储在长时记忆中。后来，当读者试图回忆读过的信息时，完全模型或者它的成分就从长时记忆中激活（Zwaan & Radvansk，1998；李莹，张金晖，2016）。

二、文市阅读加工过程的经典理论

绝大多数研究者都认同 Kintsch 等的文本阅读表征三层次理论，然而，阅读过程中读者如何进行加工活动形成这三层次的表征，即文本在头脑中的整体表征是如何建立起来的？研究界进行了大量研究，并根据实验结果提出不同的观点与理论，展开了激烈的论争（Mo，Liu，Jin，Ng & Lin，2006；Wang，Mo，He，Smythe & Wang，2010）。当前，文本阅读信息加工过程的研究最有影响的派别是：建构主义理论（The Constructionist Theory）、最低限度假设理论（The Minimalist Hypothesis）与记忆基础文本加工理论（The Memory-Based Text Processing View），不同的理论派别对文本阅读信息加工过程本质的看法有很大不同。

（一）建构主义理论

建构主义理论认为，阅读过程是一个随当前阅读的内容不断主动地激活读者的背景知识，将当前信息与先前信息进行整合形成文章的情境模型的过程（Bower & Morrow，1990；Graesser，Singer & Trabasso，1994）。它的主要观点是：（1）在阅读过程中，信息的整合过程是有目的性和策略性的；（2）读者在阅读过程中把文本的大部分内容整合成一个连贯的整体，读者既要维持局部信息的连贯，又要维持整体信息的连贯；（3）读者在阅读过程中会不断地建构和更新情境模型。该理论的代表人物有 Graesser、Singer、Trabasso、Morrow、Bower 等人。

建构主义理论的集大成者 Graesser、Singer 等人提出了意义搜寻（search after meaning）原则，强调意义的主动搜索，认为读者在阅读过程中总是努力地去寻找能解释文章中某一事件、行为、目标的一般及特定的信息源，这种搜索寻找的状态无论文章在局部上是否保持连贯都会发生（Graesser，Singer & Trabass，1994）。早期持建构主义思想的研究者主要集中在探讨阅读过程中的推理，如因果推理的加工过程。对这一问题，到了 20 世纪 80 年代后期，同时并存两种有影响力的观点：其一认为阅读理解是一个问题解决过程，在阅读过程中，读者必须发现联系文章开始部分和结尾部分的一系列因果关系。其二认为读者阅读完每一个句子之后，策略加工把读者的注意集中在处于短时记忆中的一组信息上，如果这些信息与接下来的句子之间存在恰当的联系，理解就会被促进。Fletcher 等人将这两种观点结合起来，提出当前状态选择模型（Fletcher & Bloom，1988），试图详细说明文本理解过程中，明确陈述的事件、行为和工作记忆里的信息之间建立因果关系的各种规则。该模型详细说明了当因果先行词处于短时记忆时，当前句子和因果先行词（一个先行的事件、状态和高级目标）之间如何建立因果关系。如果因果先行词处于短时记忆，只要因果先行词没有出现结果，它就仍然处于短时记忆。一旦关系建立，因果关系就从短时记忆转入长时记忆。如果对正在阅读的句子没有发现因果先行词，就会发生局部连贯中断，读者就会到长时记忆中寻找原因。这一模型仍然比较强调阅读加工过程的主动性和策略性。

建构主义理论发展到 20 世纪 90 年代后期，讨论的范围已超越推理加工，转向更一般的信息激活与整合问题。它认为阅读是一个积极的、策略加工过程，读者会对文本的事件、主人公的行为和状态进行解释，根据当前阅读的内容主动地激活背景知识，将当前的信息与先前的信息进行整合形成文章的情境模型，以获得连贯的心理表征。建构主义理论的典型代表观点是更新追随假设（Here-and-now View）。更新追随假设认为读者在阅读过程中总是不停地对当前阅读信息的意义寻求解释，把当前阅读的句子与先前的句子进行整合，不断追随新阅读的信息对已建立的文本表征进行更新，并将更新后的模型带到下一步的阅读中去（Bower & Morrow，1990）。

（二）最低限度假设理论

最低限度假设理论认为，在自然阅读情况下，只要当前阅读的信息能与读者工作记忆中所保持的文本信息进行整合，维持局部连贯，则文本先前已经进入长时记忆的相关信息都不会被即时激活，只有在当前加工的信息出现局部连贯性中断的情况下，读者才会激活长时记忆的信息进行整合（Mckoon & Ratcliff，1992）。它的主要观点是：（1）读者的阅读是自动化的过程；

6

（2）读者只需保持文本信息的局部连贯，只有在局部信息发生中断的情况下读者才会通达背景信息；（3）读者在阅读结束后才形成情境模型。该理论的代表人物有 Mckoon、Ratcliff 等。

最低限度假设理论认为读者的阅读存在两种情况，有明确阅读目的的阅读与没有明确阅读目的的阅读（自然阅读）。在前一种阅读中，读者所产生的推理称为"策略性推理"（strategic inference）；后一种阅读中读者所产生的推理称为"自动化推理"（automatic inference）。他们认为，要研究推理的产生，必须从最简单的自动化推理入手，只有清楚地了解读者的自动化推理，才有可能为以后的全面推理研究打下基础。McKoon 等人认为，在无明确阅读目的的情境下，读者自动产生的推理只是为了达到保持局部联贯性的最低需要，只有在局部信息缺乏一致性，无法形成命题时，才需要提取文章的整体目标信息以形成完整的表征（Mckoon & Ratcliff, 1992）。最低限度假设后来推演到一般的信息加工过程而不仅仅是推理过程，认为在自然阅读情况下，读者不会随着阅读过程即时地进行整合、推理以形成文章的整体表征，阅读的信息加工主要属自动化加工，在这种阅读理解过程中，读者的角色是相当消极的，他们只对那些易于获得的信息进行整合，只要当前阅读的信息能与读者工作记忆中保持的刚阅读过的若干命题进行整合保持局部连贯，则不需要再通达长时记忆中文章先前的相关信息或读者的背景知识；只有在当前加工的信息出现局部连贯性中断的情况下，读者才会激活长时记忆中文章先前的信息或读者的背景知识去进行整合与推理。

(三) 记忆基础文本加工理论

到底自动化的加工过程如何实现呢? McKoon 和 Ratcliff 等人认为, 对文章中字词、概念、命题以及整体的理解必须以激活记忆中相关的信息为基础。这种思想后来发展成为一种新的理论框架, 即记忆基础文本加工理论 (Mckoon & Ratcliff, 1998)。记忆基础文本加工理论认为, 在阅读过程中, 即使局部连贯性不中断, 读者的背景信息也会激活。当读者读到某一句子时, 该句子所蕴含的概念和命题以及存在于工作记忆中的信息都自动向长时记忆发送信号, 背景信息则依据与这些信号的匹配程度被快速、不同程度地重新激活, 读者不仅要将当前进入的文本信息与工作记忆中保持的文本信息进行整合, 维持局部连贯性, 而且同时通过共振的方式激活已经进入长时记忆的有关文本信息并进行整合, 维持整体连贯性 (Albrecht & O'Brien, 1993; O'Brien, Rizzella, Albrecht & Halleran, 1998)。该理论的主要观点是: (1) 情境模型并不是即时建构的; (2) 在局部信息不发生中断的情况下, 读者也会通达长时记忆中有关的背景信息; (3) 信息通达通过共振的方式进行, 通达过程是非策略的、被动的、快速的。它的代表人物有: Mckoon、Ratcliff、Myers、O'Brien 等。

该框架下包含相当多的理论, 这些理论有个共同点, 它们都强调在阅读过程中, 长时记忆中的背景信息通过消极激活而得以恢复 (McKoon & Ratcliff, 1998)。事实上, 这一理论借鉴了当代记忆理论的两个概念: 一是 Tulving 依赖线索回忆的观点, 即线索直接和有选择地从记忆中唤起相关信息; 二是

Posner 把快速的认知加工和慢速的策略加工区分出来的观点 (O'Brain, Rizzella, Albrecht & Halleran, 1998)。记忆基础文本加工理论认为文本加工的所有认知研究基本上都是以记忆为基础的,它的中心原则是对每一个新的语言信息的理解都会唤起记忆中的有关信息。记忆基础文本加工理论比较注重对阅读过程的实时研究,其研究数据比以往的理论能更真切地反映阅读的实际过程。在我国,王穗苹、莫雷(2001)和莫雷、赵冬梅(2003)等人在中文条件下的研究也都进一步支持和发展了记忆基础文本加工理论。

三、文本阅读加工的计算机模型

随着文本阅读研究的发展及其实验数据的积累,一些文本阅读心理学家尝试从宏观方面应用计算理论建构一种复杂的、量化的和计算机模拟的文本阅读加工模型来阐述阅读理解过程的心理机制。这些文本阅读加工模型试图详细地阐明文本阅读中的表征、加工过程以及它们之间相互作用的机制。最成功的模型可以模拟读者动态地逐词或逐句理解文本时,表征中每个结点的生成、激活、限制和抑制。例如,以文本中某一个结点的激活强度来说,该强度值应能预测读者在单词命名、单词再认和语义判断这样的任务中的表现;单词的阅读时间和对单词的注视持续时间应与模型用以解释单词的加工周期有交互作用;对文本命题的记忆应与该命题在整篇文章中累积的激活强度有交互作用。事实上,在模拟这些数据模式方面,有些复杂的模型已取得一些成功,其中 Just 和 Carpenter 在 1992 年提出的

Caps/Reader 模型可以说是这类模型中最具代表性的一个。

Caps/Reader 模型采用产生式系统的等级结构来说明工作记忆和长时记忆中结点的生成、更新和替换。产生式系统包括一系列 "IF<条件 C>，THEN<行动 A>" 形式的产生式规则：如果工作记忆中的内容与条件 C 匹配，则执行认知的或物理的行为 A。条件 C 也许由一系列任意复杂的子规则组成，对于每种条件还有一种阈限标准，即如果所有的子规则的总激活值满足这一阈限，则条件被满足。这一系列的产生式规则在每个加工循环中被平行地评价。满足激活阈限的那些规则最终执行各种行为，如扫描外显的输入信息，调整工作记忆中结点的激活值，改变工作记忆的负荷，强化长时记忆中的结点，并产生输出的信息等（莫雷，王穗苹，王瑞明，2006）。

第二节　文本阅读研究的新观点

关于文本阅读中信息加工过程到底是如何进行的，建构主义理论、最低限度假设理论和记忆基础文本加工理论三种理论一直存在争议，如何解决这一争议成为当前研究者越来越关注的话题，由此形成文本阅读研究的两种新观点：文本阅读的双加工理论和风景模型。此外，在解释情境模型的结果方面，还有知觉符号理论。

一、文市阅读的双加工理论

莫雷等人对前人有关文本阅读的研究成果，特别是关于建构主义理论和基于记忆的文本加工理论的相关研究成果进行了全面总结和分析，在此基础上提出文本阅读的双加工理论，对文本阅读研究中的主要争议进行了开创性的整合，掀起了文本阅读研究的又一轮高潮。

文本阅读的双加工理论的基本观点是：阅读过程是连贯性阅读与焦点阅读的双加工过程，在阅读过程中，读者所阅读的信息不同，产生的信息加工活动也不同，读者会根据阅读的文本信息的性质交替发生不同的加工活动。也就是说，读者在阅读中进行何种信息加工活动取决于阅读材料的性质，不同的阅读信息可能会导致不同的加工活动。在文本阅读中可以有基于记忆的文本加工理论提出的通过共振激活长时记忆的信息并进行整合这样的加工活动，也可以有建构主义提出的与目标行为有关而产生的目标整合的加工活动。前一种整合加工是被动的、消极的，其目的在于维持阅读信息的连贯性；后一种整合加工是一个主动的、积极的建构过程，充分体现出阅读过程的主体性与概念驱动。

第一种是连贯阅读加工。如果进入的文本信息是没有引发焦点的信息，或者是与焦点无关的信息，读者进行的就是连贯阅读加工活动，其主要任务是维持文本语义的局部连贯或整体连贯。这是与最低限度假设理论和记忆基础文本加工理论连贯阅读加工的性质与特点（自动、共振、不即时建构情境模型）相似的，即最低限度假设理论与记忆基础文本加工理论解释的是文本阅读连贯阅读加工的特点。

第二种是焦点阅读加工。为了理解文本，读者会对文本中的目标系列的信息、因果系列的信息形成焦点，当所进入的文本信息是属于有明确的因果关系的信息，如目标信息等，就可能会自动引发阅读焦点（目标焦点），焦点一旦形成，就会使随后的阅读过程成为焦点加工的过程。焦点阅读主要使读者把握阅读文本的基本要旨，形成文本的局部或整体的逻辑连贯。建构主义理论揭示的便主要是焦点阅读加工的性质与特点。

莫雷和王瑞明等人首先通过实验对连贯阅读加工活动的特点进行探讨。实验结果表明，当前信息通过记忆基础文本加工理论所提出的共振方式非策略地、自动地、快速地激活先前的有关信息后，如果当前信息与先前信息存在局部不一致或不协调，就会进一步地对前后信息全面的连贯关系进行整合，这一信息整合过程可以称为"协调性整合"。协调性整合是连贯阅读中一种重要的信息加工方式，其目的就是要维持新信息与先前信息的连贯性，更重要的是协调性整合是一种建构性的整合，其结果是将相关的信息建构成整体的信息块，当它们被再次激活时，就会以信息块的形式出现（莫雷，王瑞明，何先友，2003；王瑞明，莫雷，2004）。莫雷和冷英（2005）则探讨了焦点阅读加工活动的特点。他们通过实验对目标焦点监控下目标信息的建构与整合进行了初步探讨，实验结果表明，在没有共振的情况下，目标启动句也可以激活先前的目标信息，引发焦点整合；另外，在目标焦点监控下可以发生阅读信息的追随性建构。

在这些研究的基础上，王瑞明（2006）设计系列实验对连贯阅读加工中的协调性整合进行了系统探讨，冷英（2004）设计系列实验对焦点阅读加工中的焦点整合进行了系统探讨，这些都为文本阅读的双加工理论提供了大量的实验证据。文本阅读的双加工理论的理论框架已基本形成，对这一领域的研究也不断深入，但总体上说，文本阅读的双加工理论还需要不断完善，特别是与其相关的实证研究还需要不断强化。

二、风景模型

20 世纪 90 年代中期，研究者越来越关注文本阅读中理解加工和记忆表征之间的关系。读者在阅读文章时表征会不断地改变，并且不断发展变化的表征自身又为读者理解接下来的文章提供了重要的资源。因此，这一关系是复杂的、双向的。为了更好地理解文本阅读中读者头脑中的整个加工过程和记忆表征的形成过程，van den Broek 等人于 1996 年提出了风景模型（Landscape Model）。

信息激活是文本阅读中最基本、最核心的问题，读者在加工文本时会激活文本中提及的概念以及这些概念间的关系。风景模型认为，信息激活有两种机制。第一种机制是群体激活（cohort activation），即从当前被激活的信息向相关信息传播激活的过程，群体激活是基于记忆的、迅速的并且被动的。第二种机制是基于连贯的提取（coherence-based retrieval），它是策略性的，经过准备的信息提取是为了理解当前文本的需要，并进而形成连贯性。而决定文本阅读中进行何种激活的主要因素是阅读中读者要保持的连贯标准（standards of coherence），这一标准反映了读者在阅读时试图获得的理解程度。连贯标准受读者自身因素的影响，如阅读目标、期望、工作记忆容量、观点等；也受文本因素的影响，如文本体裁、呈现速度、任务变量等。风景模型认为读者阅读中会建立起各种不同类型的连贯，如相关的、因果的、时间的、空间的，等等。阅读过程中可以通过群体激活相关信息一次就满足读者标准，但在另一种情况下，读者也需要通过基于连贯的提取来主动搜索事件文本表征、背景知识来实现这些标准。

风景模型认为文本阅读过程就是一个不断波动的激活过程，概念激活因为各种因素影响上下波动，就像一道美丽的风景。成功的阅读加工结果是建构起一个连贯性的心理表征。与其他的文本阅读理论模型比较，风景模型提供了一个整合许多因素的理论框架（如不同的关系类型、连贯性标准、学习曲线等）。在先前的一些研究中，风景模型的概念框架通过记叙文阅读中计算机模拟和被试实际阅读数据的比较得以证实。总体上看，风景模型是动力上相互作用系统（adynamically interacting system）的一部分，它不仅有来自行为实验和计算机模型研究的证据，还有来自神经心理学研究的证据，可以说，风景模型是当前对阅读理解的过程和产物描述的一个相对比较完整的理论。

三、知觉符号理论

知觉符号理论对文本阅读中建构的情境模型的实质有着独特的见解，如果说文本阅读的双加工理论着重于解释文本阅读的具体加工过程，那么，知觉符号理论可以说对文本阅读的结果进行了解释，下面将从这一角度对这一理论进行简单介绍。

认知科学发展史上盛行的关于知识表征的理论是命题符号理论（Propositional Symbol System），但该理论在发展过程中逐渐暴露出许多至今仍未解决的问题。因此，Barsalou 从理论上提出一个新的知识表征理论——知觉符号理论，想借以取代命题符号理论（Barasalou，1999a）。

在对情境模型的看法上，命题符号理论认为情境模型是一组相关命题，而知觉符号理论认为情境模型含有知觉符号，包括模式符号系统。Barasalou 等人认为知觉符号理论能更好地解释情境模型的丰富性。命题符号理论和知觉符号理论最大的区别在于对内在符号与外在物体原型之间的关系的看法，命题符号理论认为两者间的关系是任意的（arbitrary）、语言学模式的（linguistic-like），而知觉符号理论则认为两者间的关系是类似的（analogue）、知觉的（perceptual）（Barasalou，1999b）。知觉符号理论认为符号和原物之间的类似关系意味着原物的变化将引起知觉符号的变化。例如，如果原物体方位改变（如桌子倒置在地板上），知觉符号理论认为对其形成的表征也会发生变化；但命题符号理论并不这样认为（站立的桌子和倒置的桌子都是桌子）。

Zwaan 等人通过实验首先对命题符号理论和知觉符号理论进行了检验（Stanfield & Zwaan，2001；Zwaan，Stanfield & Yaxley，2002）。结果发现，无论是方位信息还是形状信息，图画和句子不匹配时的再认时间明显长于匹配时的再认时间。这个结果很好地验证了知觉符号系统理论。李莹等人在中文条件下运用相同的范式也得到了类似的结果，说明中文阅读中也同样存在知觉符号表征（李莹，王瑞明，莫雷，2005）。读者在阅读中不仅能够对实体进行知觉符号表征，对实体间的关系也可以进行知觉符号表征。最近 Zwaan 等人通过实验检验了词语指代物的空间位置关系对语义相关判断的影响，实验结果支持了知觉符号理论（Zwaan & Yaxley，2003a；2003b）。实验结果说明被试在语义相关判断时激活了整个物体的知觉符号表征。另外，Zwaan 等人还通过句图范式（句子和图画匹配范式）检验了实体间的动态关系表征也是知觉符号表征（Zwaan，Madden，Yaxley & Aveyard，2004）。在该研究中发现，读者在阅读中对实体间的动态关系进行了知觉符号表征（王瑞明，莫雷，闫秀梅，2006）。

当前，知觉符号理论从实证上对命题符号理论的批驳仍限制在一个很小的范围内，知觉符号理论作为一种新理论还是不够完善的，因此，知觉符号理论要想取代命题符号理论还有很长的路要走。

第三节　文本阅读研究的发展特点

文本阅读研究经过一百多年的发展，时至今日，已经取得了大量的研究成果和结论，对这些成果进行梳理，可以从整体上把握文本阅读研究发展与演变的特点，下面从文本阅读研究的理论基础、研究方法、研究内容和研究结论四个方面对其发展特点进行分析。

一、理论基础：从认知主义到联结主义

文本阅读也是认知心理学领域的重要课题，其研究必然受到

认知心理学研究中各种思潮的影响。现代认知心理学中存在着两种不同的研究取向：其一是符号的取向，即认知主义取向；其二是网络的取向，即联结主义取向（Galotti，2014；葛鲁嘉，1994）。在20世纪六七十年代的文本阅读研究中，认知主义取向占据着主导地位，并且直到今天仍具有强大的影响。自20世纪80年代开始，有一些研究者开始对认知的研究取向进行了新的探索和改进，他们所建立的框架被称为"联结主义"（有时也被称为"平行分布加工"，或"PDP"）。认知主义与联结主义的主要区别在于其所认为的认知加工发生的方式不同。根据认知主义的观点，认知加工是一种系列的加工，首先是加工的发生，然后信息进入下一阶段，之后又进入下一阶段，等等（杨治良，孙连荣，唐菁华，2012）。相反，大多数（虽并非全部）联结主义模型认为，认知加工发生是平行的，并且许多加工发生在同一时刻。认知主义认为，需要有一个中央处理器来指导信息从一个加工阶段到另一个加工阶段。而联结主义赋予网络以核心性的地位，采纳分布表征和并行加工的理论，强调的是网络的并行分布加工，注重的是网络加工的数学基础。根据联结主义的观点，不同的激活类型已经考虑到了各种认知过程，知识不是储存在各种储藏室里，而是在联结的单元之内。当改变单元之间联结的权重，导致新的联结类型的建立，那么学习便发生了。大多数的联结主义研究者基于神经网络模型来开展研究，他们运用计算机程序，做一些可重复性的实验和准实验（Feldman & Clifton，1982）。在当前的文本阅读研究中，联结主义正逐步取代认知主义，成为当前大多数实验的指导思想（迟毓凯，莫雷，2005）。

二、研究方法：从延时考察到实时探测

文本阅读研究之初，研究者更多采用的是一种延时（off-line）的办法来对文本阅读理解进行考察。其所采用的程序一般经过实验指导、阅读材料、进行探测几个相互连续的过程。各种延时方法的共同点是，所有对文本阅读中心理加工的考察都不是实时进行的，而是在阅读发生之后，对阅读结果进行探测，对阅读加工的历程进行推论从而得出结论。这些方法中的不同点主要在于在阅读之后所采取的探测方式的差异。一般而言，对文本阅读的延时考察主要采用回忆法和再认法两种手段（沃建忠，1996）。

从 20 世纪六七十年代开始，随着认知科学的兴起，尤其是计算机等科学技术的发展，使得文本阅读研究的方法取得了重大的发展。文本阅读认知研究中逐步出现了用实时（on-line）的技术来对文本阅读的认知历程进行考察，而先前的延时方法也因新技术的运用而得以更进一步的发展。在当前的文本阅读研究中，实时研究占据着主导地位。这其中，阅读时间法和探测法是最流行的两种实验手段（阎国利，1997）。阅读时间法是将阅读时间作为一个指标，通过分析被试的阅读时间来揭示其理解加工的心理历程。在阅读时间法中人们常采用一种移动窗口技术（moving window technique）（吴建民，1999）。其操作的一般方法是，在计算机屏幕上呈现要阅读的文本内容，窗口内一次呈现全部的文本或者单个句子、词组或者单词，如果是单个的句子、词组或者单词，读者可以自定阅读步调，通过按键看到连续的文本内容，两次按键的时间间隔就被看成对窗

口所呈现内容的阅读时间。探测法在运用过程中要求被试对某一个问题迅速作出判断，通过考察问题呈现与判断作出的时间间隔来分析被试阅读过程中的心理加工情况。再认技术是文本阅读研究中使用最多的一种判定法，是指被试在阅读一段文本过程中，或在读完一段文本之后，给被试呈现一个或者几个目标词，然后要求被试按键反应确认该目标词是否在阅读的文本中出现过。本书研究中主要采用的就是移动窗口技术和再认技术。

另外，还有一些研究者利用眼动仪、ERP（事件相关电位）、FMRI（功能性磁共振成像）等设备开展文本阅读的认知研究，它是一种更为精确而又相对自然的实时测量手段，从而可以更为深入地探讨文本阅读过程中的心理现象及其规律。总之，在文本阅读认知研究中，经历着从最初的延时探测为主的技术向实时探测技术的转变。

三、研究内容：从图式表征到情境模型

1932 年，Bartlett 首次将图式这一概念引入文本阅读研究领域，阅读心理学家从此开始了广泛的以图式为主要内容的文本阅读研究，直到 20 世纪 80 年代，对文本阅读中图式表征的研究一直占据着该领域研究的主导地位。在几十年的发展历程中，图式自身的内涵与外延也在发生着变化。现代图式理论认为，经验本身并不储存在记忆之中，它们是用表象、命题或其他形式表现出来，它们按照一定的位置、时间分层次地组织排列，这就构成了图式。Rumelhart 则把图式称为"认知建筑的组块"，是所有信息加工所依靠的基本要素，并在此基础上详细阐述了

图式的主要特点（张必隐，1992）。研究者认为，头脑中已有的图式对于阅读新文本和学习新知识，都有着举足轻重的作用（张向葵，关文信，孙树勇，1997）。

相对于图式而言，情境模型研究的历史并不长，直到 80 年代 Kintsch 等人才在文本阅读理解的研究中首次提出这一概念。但近年来的有关研究却发展迅速，进入 90 年代，情境模型在文本阅读表征的研究中已经逐步取代了图式研究，成为文本阅读研究的热点内容，并构成了认知心理学的重要领域，有关情境模型的理论也已应用于多个领域，如语言理解、记忆提取、逻辑推理，等等（Zwaan & Radvansky，1998）。情境模型也称"心理模型"（mental model），它表述的是一个人对真实或想象世界中所描述或经历过的特定事件或状态的理解。在阅读研究中，它指的是读者对文本所描述的情境的心理表征。当前大多数认知心理学家认为，文本理解的过程就是读者建构一系列多层次的心理表征的过程，而一个连贯的情境模型的建构就可以认为是达到了一篇文本的成功理解。

四、研究结论：从理论纷争到逐渐融合

在文本阅读研究的历史上，涌现出了很多的理论和观点，这些理论都有各自的基本观点和实验支持，不断地引发了文本阅读研究的理论纷争，随着文本阅读研究的不断深入，有些理论由于其局限性逐渐被研究者所淡忘，或者融合到其他理论当中；但有些理论彼此之间互不相让，争议一直存在。根据它们对文本阅读过程的看法，总体上可以归为三类：一类理论强调

的是自上而下的加工过程，这类理论以建构主义理论为典型代表；另一类强调的是自下而上的加工过程，这类理论以最低限度假设理论为典型代表；还有一类理论虽然也强调文本阅读中的自下而上过程，但却并不像最低限度假设理论那么极端，这类理论以记忆基础文本加工理论为代表。实际上，文本阅读过程是非常复杂的，任何一种理论都不能覆盖所有过程，每一种理论从不同的角度提出了各自对文本阅读过程的看法，有分歧必然就有整合。近年来，随着研究的不断深入，人们在文本阅读研究的理论和经验上产生新的认识，形成了几种新的解释力和预测力更强的整合性理论，如文本阅读双加工理论和风景模型就是其典型代表。这些理论是吸收各种理论的精华而形成的更完善的理论（莫雷，王穗苹，王瑞明，2006）。

第二章　文本阅读中概念提取研究述评

第一节　文本阅读中概念提取研究背景

一、文市阅读中概念提取研究的理论背景

概念提取是当前概念研究的热点之一，关于文本阅读中概念提取的研究还没有系统的介绍，下面综合国内外关于此方面的研究，对义本阅读中有关概念提取的理论和研究进行介绍，并对其影响因素进行分析。

大部分阅读模型的基本假设是在记忆中的文本表征是一个

整合的网络，通过概念而相互联系（O'Brien，1987；O'Brien & Myers，1987；Trabasso & Sperry，1985）。概念在文本表征网络中作为相互联系的结点，对理解文章有重要的意义。因此，要探讨文本阅读中的概念提取，首先要知道文本阅读理解中文本信息在头脑中是怎样表征的。研究者认为阅读理解的过程就是在头脑中建构一个文本信息的表征系统的过程。20 世纪 70 年代后期，Kintsch 等人在吸收当代认知科学和认知心理学研究新成果的基础上，提出了建构—整合模型（construction - integration model）（Kintsch & Van Dijk，1978；Kintsch，1988）。他们认为，在文本理解过程中，读者一般会建立起三个层次的表征：（1）表层表征（surface code），即对文本中字、词、短语之间的语言学关系进行编码所形成的表征；（2）基础表征（text-base），即对文本所提供的语义及等级层次结构关系所形成的表征；（3）情境模型（situational model），即读者结合自己的背景知识对文本中所描述的信息进行的较深层次的表征。另外，Kintsch 等还将文本理解的加工过程分为建构和整合两个阶段，建构阶段的主要任务是形成基础表征，而整合阶段的主要任务是产生新的激活向量，使得背景信息中与当前信息有关的信息有较高的激活性，无关的信息失去活性，从而突出文本表征中的有用信息，剔除无用信息，形成一个高度整合的文本表征，即情境模型。

在以上的三个层次中，最重要的是情境模型。形成情景模型的过程中通常需要激活两个方面的信息：一是激活先前阅读过的文本背景知识方面的信息，激活的这些信息可能对理解当前阅读的文本信息有重要作用，也有可能只是因为与当前阅读信息有关而被激活。二是激活来自一般世界知识的信息，即头脑中原有的知识经验也可以被激活去填补在文本中没有详细表述的细节。虽然有人认为这个激活过程是积极的、策略性的（Singer，Graesser & Trabasso，1994），有人认为是消极的、非策略性的（Myers & O'Brien，1998），但是一致认可先前阅读过的文本信息与一般世界知识都被重新激活成为阅读理解信息的一部分。

二、文本阅读中概念提取的理论及其实验研究

文本阅读中信息提取的过程会引起整个文本网络系统激活的扩散（O'Brien，1987；Yekovich & Walker，1986）。研究者认为文本信息的提取受到概念之间的相互联系的数量及其紧密程度的影响。其中，文本中心概念（central concept）因为与文本联系比较密切，它比与文本联系不密切的边缘概念（peripheral concept）更可能被激活，并且这个结论也得到实验研究的证实（Britton，Meyer，Hodge & Glynn，1980；Cirilo & Foss，1980）。而在有的研究中，又得出了另外一种不同的结果：中心概念比边缘概念更难提取（Yekovich & Walker，1986）。关于概念在文本信息中的提取主要有以下几种理论解释（陈红敏，莫雷，冷英，2005）。

（一）概念提取中的 Fan 效应

研究者通常使用延时方法（off-line），即再认和回忆来考察文本中概念的通达情况，得出相同的结论：重要信息比次要信息

（即中心概念比边缘概念）更可能被再认和回忆。但是 Yekovich & Walker（1986）发现，在脚本基础文本（script-based text）中，对中心概念和边缘概念进行再认时，中心概念比边缘概念更难提取。对此，Yekovich 和 Walker 用 Fan 效应进行了解释。

所谓 Fan 效应，就是有若干事件与某一概念有关，当这样的事件中任意一个作为再认探测出现时，被试对它的反应时间或者错误率就会随着事件数量的增多而延长或增加。简单地说，与某一概念有关的事件越多，提取其中任一事件所花的时间越长。在文本概念的提取中，重要概念（中心概念）与文本中的其他概念相互联系数量较多，不仅被回忆的时间受到影响，而且回忆正确的可能性减小。即与此概念相联系的事实越多，关于这一概念的再认时间就越长。而在回忆文本中不重要的概念（如边缘概念）时，与此概念联系的事实不多，回忆所用的反应时就少。因此，受到 Fan 效应的影响，文本中的中心概念比边缘概念提取的速度慢。

（二）基于文本整合网络表征的研究和解释

后来，Albrecht & O'Brien（1991）得出了相反的结论，在记叙文本（narrative text）中，中心概念比边缘概念提取的速度快。这个实验结论与 Duffy 和 Rayner（1990）研究结果非常符合。Duffy 和 Rayner（1990）得出结论：当被试能够对文本进行精确阐述时，就会产生较多的提取线索，它增强了目标词被通达的可能性。Albrecht & O'Brien（1991）的实验认为，在文本信息提取中，文本中概念精细阐述可能像被试对文本的精细阐述一样，同样有利于目标词的通达和提取。实验结果也显示，由于文本中概念精细阐述的增加，再认和提取的速度和精确性都增加。

　　对以上所得结果的讨论都是依据呈现的文本作一个完整的网络，假设激活网络中的一个环节，就会造成整个网络激活的扩散。文本信息的提取受到网络中概念之间相互联系数量的影响。因为中心概念比边缘概念有更多的相互联系，能够提供更多的通达路线，更有利于提取，所以中心概念比边缘概念的提取速度快。

　　（三）共振模型（resonance model）

　　为了进一步探究文本中概念通达的情况，Rizzella & O'Brien（2002）针对上述两种不同的结论又进行了研究，并对其产生机制进行解释。经过大量的实验，得出结论：在一般情况下，中心概念比边缘概念更容易提取，在脚本基础文本和叙述文本中都是如此。唯一的例外发生是在当（1）在脚本基础文本中；（2）边缘概念和中心概念在文本中提及或精细阐述的次数相同；（3）确定文本中心的方式是主题相关中心而不是概念在文本中精细阐述次数的多少。在这三种条件结合的情况下，中心概念比边缘概念更难提取，而 Yekovich & Walker（1986）的研究正是在这种条件下得出了和大多数研究相反的结论。Rizzella & O'Brien（2002）用共振模型对此研究结论进行了解释。

　　共振模型的代表人物 Myers 和 O'Brien 等人认为，当前正在加工的句子所引发的概念，以及阅读过的文本先前部分而且仍保留在工作记忆中的概念，会作为信号向长时记忆发送，这些信号的强度取决于当前阅读中不同概念受关注的程度，但这些信号的发送是自动的和不受限制的，所有文本先前提到的任何信息以及读者一般背景知识中的概念都会依据自身与输入信息的匹配程度而发生共振。共振过程的一个关键特征是"盲目性"或"呆板性"，即当前信息中的任何一个概念都可作为无限制的信号平行地向长时记忆发送信息，那些得到足够激活程度的信息——不管这些信息对当前的加工过程是否有帮助——都会返回到工作记忆中，尽管这种重新激活过程最后有可能会被进一步的加工过程所掩盖（王穗苹，陈烜之，邹艳春，莫雷，2004）。

影响共振的因素很多，研究者认为，概念之间的重叠程度决定信息之间的匹配程度。其中，精细阐述、概念之间在事件中记忆中的联系程度、语义的相关性、概念在距离上的远近等，这些因素之间可以发生交互作用，从而使某一概念得以恢复的可能性增加或减小，但关键的是如果当前信息与长时记忆的信息在概念上并无相互匹配的地方，则长时记忆中的信息就不会被重新激活。中心概念由于受到较多的加工，与文本中的信息联系紧密，通达的通道增多，被提取的速度就会更快。

而在脚本文本中，由于中心概念和边缘概念提及或者精细阐述的次数相同，再认探测时，当前被编码的概念，自动向长时记忆发送信号，非策略地、被动地、快速地激活长时记忆中的信息。来自语篇表征前面部分的不活跃的信息与来自一般世界知识中的信息共振与当前的概念相匹配。这个匹配包括语义匹配和情境匹配。这些大部分共振回到工作记忆中的信息会产生竞争。正是由于这种竞争，就会出现中心概念比边缘概念提取慢的情况。

第二节　文本阅读中概念提取研究设想

一、文市阅读中概念提取的影响因素

为什么文本阅读中概念提取会出现这两种不同的结论呢？有哪些因素对文本阅读中概念的提取有影响？Rizzella & O'Brien（2002）进行了深入探讨。通过对前述的实验研究进行仔细分析，可以发现两者有明显重要的区别。

（一）文本类型

Albrecht & O'Brien（1991）的研究材料是记叙文本，而Yekovich & Walker（1986）采用的是脚本基础文本。记叙文本叙述的是一个有着较大的时间、空间间隔的完整事件。它的内容比较具体，没有统一的定式，在头脑中没有形成一套完整的表征，因此与头脑中的一般背景知识联系不紧密。被试在回忆概念是否在文本中出现的时候，较少受到背景知识的影响，根据文本中提供的信息就可以很快地做出判断。所以，在记叙文本的概念提取中，没有出现中心概念提取慢于边缘概念的情况。

而在脚本文本中，由于脚本文本是由一系列相对固定的行为序列和特定的环境条件所组成的，脚本将这些行为序列和环境条件组织在一起，形成有关这些事件的知识单元。脚本规定了参与某个事件的各种人物、事件发生的背景以及在这种背景

下事件的参与者按照惯例可能做出的行为。在脚本文本中概念提取时，由于文本中中心概念与一般背景知识有着更多的联系，所以激活的信息产生混淆，不能很快地判断概念是来自一般背景知识还是文本内容。边缘概念由于与脚本文本背景知识联系不紧密，激活的头脑中的相关知识少，区分难度小，因此能很快地做出反应，回忆反应时间比中心概念短。

（二）文本中心的确定方式

文本中心体现了文本的主要内容，它是影响信息重新激活的最重要因素。先前的研究存在着不同的文本中心确定方式，根据不同的文本中心确定方式，可以采用不同的概念来反映文本中心，这样的概念称为"文本的中心概念"。反之，不能反映文本中心的概念，称为"文本的边缘概念"。

在 Rizzella & O'Brien（2002）的研究中，存在两种文本中心的确定方式。在叙述文本中，以概念在文本中提及次数的多少（精细阐述的次数）作为文本中心的确定方式，在文本中被典型地提及几次的概念，作为中心概念，提及次数少的概念作为边缘概念，它们与文章的主题没有联系。而在脚本文本中，以与文章标题相关的程度来确定文本中心，他们称这种中心的确定方式为"主题相关中心"。脚本中心概念和脚本主题之间有紧密的联系，脚本边缘概念与脚本的主题联系不紧密。

而在 Rizzella & O'Brien（2002）的研究中发现，在脚本文本中以概念提及的次数作为文本中心的确定方式，也得出了中心概念提取快于边缘概念的结论。而在记叙文本中，无论采用哪种中心确定方式都得出中心概念提取快于边缘概念的结论。说明只有在脚本中，以文本主题相关的程度来确定文本中心的时候，才会出现边缘概念提取慢于中心概念的情况。这是因为，在这种中心确定方式下，中心概念比边缘概念与一般世界知识联系更紧密，容易激活较多的一般世界知识中的信息，与回到工作记忆中的文本信息产生混淆。

(三) 抑制的影响

出现边缘概念的提取快于中心概念的情况，不仅受到以上两种因素的影响，而且受到再认项目中陪衬词（foil）的影响。陪衬词是在再认概念系列中起到干扰和填充作用的概念。当陪衬词与文本主题无关时，没有干扰作用，当陪衬词与文本主题有关时，就会对概念提取产生干扰，可以将其归结为抑制因素。当脚本文本中的概念提取时，提取时激活的头脑中的信息一部分来自背景知识，一部分来自文本内容，它们都回到当前的工作记忆中。由于受到与文本主题有关的陪衬词引发的较多一般世界知识的干扰，这些一般世界知识还保留在工作记忆中，因此不能确定哪些信息是来自背景知识，哪些信息来自文本内容。而中心概念激活的背景知识越多，在工作记忆中产生的竞争越大，越难分辨激活信息是来自背景知识还是文本信息。在没有受到脚本文本主题有关的概念影响时，即与主题无关概念作为干扰项目时，没有干扰，大脑会把激活的无论是背景知识中的信息还是文本中的信息都作为再认概念的信息。中心概念与文本内容和背景知识更相关，所以，中心概念激活的信息多，提取快于边缘概念。

二、问题提出及构想

当前文本阅读概念提取的焦点是中心概念和边缘概念提取快慢的问题。从以上的分析可以看出，影响概念提取的最主要的原因是文本中心的确定方式。

对于文本中心的确定方式，在目前的研究中存在争议。实验证明，有很多因素能够影响背景信息与当前工作记忆内容的共振（Rizzella & O'Brien，2002）。但是哪一个因素是影响信息重新激活的最重要因素，不同的理论有不同的观点。

记忆基础文本加工理论认为，在阅读过程中，新阅读的句子所蕴含的概念和命题以及存在于工作记忆中的信息都自动向长时记忆发送信号，背景信息则依据与这些信号的匹配程度快速地得到不同程度的重新激活，通过这种共振的方式激活已经进入长时记忆的有关文本信息，维持激活的文本背景信息与当前工作记忆中的文本信息的连贯性。这样，文本中多次提及的概念由于在阅读过程中会多次被共振激活，因此处于读者注意的中心，成为文本的中心概念。因此，O'Brien 把概念提及的次数作为影响重新激活的重要因素，并以此来确定文本的中心，即把在文本中提及多次的典型概念作为文本中的重要概念（O'Brien，1987；O'Brien，Myers，Goldman，Graesser & Broek，1999）。而笔者认为，这种中心其实是一种词频中心，它所反映的只是一般的记忆规律，即词频多的比少的提取快，而不是文本中心的特点。

建构主义理论认为，阅读是一个积极的、策略的加工过程，在文本的自然阅读过程中，读者会主动地激活背景知识，将当前的信息与先前的信息进行建构与整合，形成文本的情境模型，并不断追随新阅读的信息对已建立的文本表征进行更新，将更新后的模型带到下一步的阅读中去。正是由于读者在阅读过程中即时地不断建构与更新情境模型，因此，与情境模型密切相关的词才是文本的中心概念。因此，在 Yekovich & Walker (1986) 的研究中，以概念与标题相关程度的高低作为评定文本中心的标准，但这种中心其实是标题中心。以标题相关的方式确定中心概念，依据的是该概念与文本标题相关程度，相关高的词为中心词，相关低的词为边缘词。

由于常常存在文本标题和文本主题分离的情况，这种标题相关的方式所确定的中心概念，不一定会与主题有密切的相关。笔者认为，是否有另外一种文本中心能够维持人们对文本中心概念提取快于边缘概念提取的一般认识，这是一个迫切需要解决的问题。

笔者认为，任何文本，无论是叙述文本还是脚本文本，都是以描写事件为主的。真正要反映文本主题的中心概念，应该通过"事件相关"的方式来确定，即首先确定文本的中心事件，然后根据与该中心事件相关程度来确定中心概念，这样的中心概念才真正体现出文本的主题，无论在什么情况下，都应该维持中心概念提取快于边缘概念的认识。究竟是否如此，还要通过进一步的实验研究进行深入的探讨。因此，文本中心的性质在文本概念的提取中起着至关重要的影响，不同的确定方式得出的结论不同，反映的阅读过程中信息加工的机制也不同，因而对其探讨有着重要的理论意义。

通过对前人的研究进行分析，可以发现文本类型（叙述文本、脚本文本）、文本中心确定方式（标题相关、词频相关、事件相关）和抑制（陪衬词）是影响文本中概念提取的三个重要因素。因此，在本书中，文本类型和干扰因素的影响都会在事件相关中心概念的提取中得到考察。

本书采用词汇再认任务，对文本中心的三种确定方式及概念通达效果进行研究，共包括两个系列的研究，分别通过第三章和第四章进行介绍。

第三章研究一是考察脚本文本中三种文本中心确定方式及其概念通达效果，包括三节，每节包含两个实验。第一节探讨脚本文本中以词频相关和标题相关中心确定方式下的概念通达效果。通过实验1和实验2重复前人的研究，采用相同的条件，以标题相关和词频相关作为文本中心确定方式，对中文条件下的概念通达效果进行考察。实验1考察主题相关陪衬词干扰下的概念通达效果；实验2考察主题无关陪衬词干扰下的概念通达效果。第二节探讨脚本文本中以事件相关中心确定方式下的概念通达效果。通过实验3考察事件相关中心确定方式下的中心概念和边缘概念在主题无关和主题相关陪衬词干扰下的通达效果；通过实验4考察事件相关中心确定方式下的中心概念和边缘概念在事件相关和标题相关陪衬词干扰下的通达效果。第三节探讨脚本文本中以事件相关和词频相关中心确定方式下的概念通达效果。通过实验5考察词频相关和事件相关中心确定方式下，哪种方式能够更准确地确定脚本文本的中心概念；通过实验6考察以事件相关中心确定中心概念的条件下，词频对中心概念通达的影响。

第四章研究二考察叙述文本中三种中心确定方式及其概念通达情况。第一节探讨叙述文本中词频相关中心确定方式下概念的通达,通过实验 7 重复 Rizzella & O'Brien 在 2002 年的研究,在中文条件下,考察词频相关中心概念的通达效果。第二节探讨叙述文本中事件相关中心确定方式下概念的通达,通过实验 8 在叙述文本中采用事件相关来确定中心概念,考察在标题相关陪衬词和事件相关陪衬词条件下的概念通达效果。第三节探讨叙述文本中事件相关和词频相关中心确定方式下概念的通达,通过实验 9 比较事件相关和词频相关两种中心方式下概念通达效果的不同。

第三章　研究一　脚本文本概念提取研究

　　前人研究结果表明，脚本文本中，以词频相关和标题相关确定文本中心，一般情况下，中心概念比边缘概念更容易提取。只有在脚本文本中以标题相关确定文本中心，并且边缘概念和中心概念在文本中提及或精细阐述的次数相同的情况下，中心概念比边缘概念更难提取。这个研究是富有启发性的，然而，对于他们的观点以及研究结论有进一步探讨的必要。笔者认为，在脚本文本中，无论采用文本标题相关或者词频相关的方式所确定的中心概念，可能都没有能够真正反映出文本的中心（Mo, Chen, Li, Chen & He, 2007）。

　　以标题相关的方式决定中心概念，依据的是该概念与文本标题相关程度，相关高的词作为中心词，相关低的词作为边缘词。笔者认为，由于常常存在文本标题和文本主题分离的情况，这种标题相关的方式所确定的中心概念不一定会与主题有密切的相关。例如，Rizzella & O'Brien（2002）的研究中，有一篇脚本文章的标题是"去饭店"，该脚本主要描述的却是主人公在餐馆中怎样共进晚餐的事件，因此，通过这种标题相关方式所确定的中心词，可能会有相当一部分是那些与主题关系并不密切，而只是与文本标题在一般世界知识方面有较密切联系的词。这样，读者在阅读文本构建情景模型过程中就不会对这些标题相关的中心词形成特别深刻的印象，这样，在再认探测中，如果使用标题相关陪衬词作为干扰，那么，这些陪衬词就会像标题相关的中心目标词一样，激活与标题有关的一般世界知识，因而对目标词的再认产生消极影响，导致出现中心词的提取慢于边缘词的结果。可以设想，如果改变标题相关的中心词的确定方式，使中心词确实反映文章的主题，那么，Rizzella & O'Brien（2002）研究的结果可能就会改变，即使在脚本文本中使用主题相关陪衬词作为干扰，中心词的通达还是会优于边缘词。

　　同样，以词频相关的方式决定中心概念，将文本中出现次数多的词作为中心词，出现次数少的词作为边缘词，即使得出中心词通达快于边缘词的结果，可能也只是一般记忆规律的体现，而不能说明词频相关方式更能准确地确定中心概念。本研究设想，如果将概念与文本主题相关程度以及在文本中出现频次进行分离，将出现次数多但与主题相关程度低的词以及出现次数少但与主题相关程度高的词进行比较，后者的通达可能会快于前者。

　　根据上述分析，笔者认为，真正要反映文本主题的中心概念，应该通过"事件相关"的方式来确定，即首先确定文本的中心事件，然后根据与该中心事件相关程度来确定中心概念，这样的中心概念，才真正体现出文本的主题。因此，本书准备按照"事件相关"的方式确定中心概念并考察脚本文本中概念的通达效果，从而对前人有关研究结果进行整合。

第一节　脚本文本词频相关和标题相关中心的概念通达比较

（一）研究目的

Rizzella & O'Brien（2002）的研究结果表明，脚本文本中，用词频相关方式确定文本中心概念，在各种条件下中心概念的提取都比边缘概念的提取更快、更准确；但是，用标题相关方式确定文本中心概念，在阅读脚本文本的情况下，当干扰词也与标题相关情况下，中心概念的提取则会比边缘概念花费更多的时间。本节将通过实验 1 和实验 2 在中文条件下重复 Rizzella & O'Brien（2002）的实验，验证其研究结果。

（二）研究方法

1. 被　试

华南师范大学 32 名、30 名本科生分别参加实验 1 和实验 2。所有被试均裸视或矫正视力正常，母语为汉语，无阅读障碍。

2. 实验材料

采用 Michelle & O'Brein（2002）研究使用的 10 篇脚本文章以及相应的再认词系列。在这套材料中，每篇文章分别采用词频相关与标题相关方式来确定中心概念与边缘概念，因此形成两种版本，每种版本后面有再认词系列，要求被试阅读文本后逐个进行再认，共有 5 个再认词：其中 2 个是在文本中出现过的目标词——1 个是中心目标词、另 1 个是边缘目标词；其他 3 个陪衬词——有些是文本出现过的，有些是文本没有出现的。在实验 1 中，陪衬词与文本的标题有关，称为 "主题相关陪衬词"；在实验 2 中，陪衬词与文本的标题无关，称为 "主题无关陪衬词"。

从以下材料中可以看出，同一篇文本的两个版本只是根据需要个别词语略有变动，两个版本的再认词也相同。词频相关版本是以词语在文本中出现次数来确定中心目标词与边缘目标词，中心目标词在文本中出现 8 次（2 次明提，6 次暗提），边缘目标词出现 2 次（都是明提）；而标题相关版本是以词语与文章标题的相关等级（按 1~7 进行计分，数值越大联系越密切）来确定中心词与边缘词，该版本的 10 篇文本中，中心词与标题平均相关等级是 6.28，而边缘词与标题平均相关等级是 3.09，它们在文本中都是出现 4 次（2 次明提，2 次暗提）。所有正式阅读材料中，5 个再认探测词随机呈现。实验材料如下（文本中加粗斜体的词为目标词，实际实验中呈现时无特殊标记）。

材料一： 以词频相关方式确定中心概念版本

1. 鲍布问吉尔是否愿意和他共进晚餐。吉尔说她要查看一下时间安排看什么时间有空。鲍布同意了，并说下次给她打电话。鲍布打电话给她，定下了出去的日期和时间。他最后决定带她去一家新开的意大利饭店。鲍布停下车，然后他们走进饭店。当他们进去时，女老板迎接了他们。女老板说要等20分钟，如果他们想等的话，她将尽可能最快安排好座位。他们说在*酒吧*里等。他们进了*酒吧*找到了一张桌子。在等座位时，他们要了饮料，谈起话来。15分钟后，女老板来招呼他们去座位处。他们随她去了餐桌。她给了他们菜单离开了。不久一位*侍者*来到餐桌介绍*他自己*。*他*告诉他们这里的特色菜和自助餐。*他*给他们倒好水，拿着点菜单离开了。一会儿，*他*端来了沙拉并问他们是否喝点别的饮料。很快*他*拿回饮料和晚餐，他们开始吃饭。在进晚餐时，*侍者*来看是否一切满意。鲍布和吉尔点头回答是的。他们吃完饭后，*他*又问他们是否需要一些甜点。当等甜点时鲍布和吉尔谈了很多。当他们吃完甜点，他们为周到的服务留下了一笔可观的小费。他们付了账离开了饭店。他们上了车，开车去了吉尔的房子。鲍布走出车门和吉尔一起走到了门口。他们互道了晚安，鲍布回到车上开车回家。他想今晚过得不错，并希望能很快再约吉尔出去。

实验 1 再认词系列 (主题相关陪衬词)	实验 2 再认词系列 (主题无关陪衬词)
饭菜（陪衬词）	树木（陪衬词）

厨师（陪衬词）　　　　　　教师（陪衬词）

侍者（中心目标词）　　　　侍者（中心目标词）

酒吧（边缘目标词）　　　　酒吧（边缘目标词）

小费（陪衬词）　　　　　　桌子（陪衬词）

2. 汤姆决定去湖边。他下楼出了房门走进汽车棚，开了车门，坐进他的汽车。他转动钥匙，倒着把车从车棚里开出来。汤姆把车倒好后，沿着街道开去。突然，他感觉汽车往下一沉。他减慢车速，打开闪光灯。汤姆在路边将车停住，关闭了汽车发动机。他下车，绕着车走了一遭，看看发生了什么问题。汤姆发现后面的轮胎泄气了。他走到工具箱处，打开它，拿出**千斤顶**。他把它放在泄气轮胎的旁边。他拿起**千斤顶**把它放在汽车后面的车轴下面。当把它放在合适的位置，他开始转动把手，**它**把车抬了起来。汤姆觉得**它**把汽车抬得足够高了，就把**它**固定在那个位置。他撬开了轮毂罩，用扳手松开螺丝帽。他拿掉了所有的螺丝帽。他使劲拖动轮胎使它从车轴上松下来。他到汽车后面把后备轮胎拿出来，把它斜靠在**防护板**上。接着，他把泄气的轮胎从车轴上拉下来，也把它斜靠在**防护板**上。然后，他把后备轮胎放在车轴上。汤姆把螺丝帽放回原处，把它们都拧紧。他把轮毂罩放到原位。最后，他把汽车降到地面，把地上的物品都收起来。他把它们放回工具箱，盖上盖子。他走回汽车坐到了司机的位置。他转动钥匙，把车挂上挡，慢慢地把车开起来。他再次向目的地进发。

实验 1 再认词系列 (主题相关陪衬词)	实验 2 再认词系列 (主题无关陪衬词)
防护板（边缘词）	防护板（边缘词）
轮子	天气
刹车	钥匙
千斤顶（中心词）	千斤顶（中心词）
轮缘	手机

3. 苏姗正在准备一门考试。她觉得有些困了，所以她想为自己多煮些咖啡。她走出房门走进厨房。她走到火炉那边的柜橱边，打开它。苏姗拿出一个装咖啡过滤器的盒子，从里面拿出一个过滤器，把盒子放回柜橱里。然后，她打开过滤器，把它上端折叠起来使它刚好可以放在咖啡壶里。然后她回房间去拿她的**杯子**，把它拿到了厨房。苏姗用水把**它**洗干净，把**它**擦干。然后她把**它**放在咖啡壶旁边。**这**是她最喜欢的**杯子**，因为是她妈妈送给她的。她放了两茶匙糖在**它**里面。她走到冰箱，拿出一罐咖啡，放了四勺在过滤器上。然后，她盖上咖啡罐的盖子，把它放回冰箱。苏姗拿了一个水罐儿，把它拿到**水槽**。她把水罐儿放入**水槽**，给它装满冷水。然后她走回到咖啡壶，把水倒进里面。她盖上咖啡壶的盖子。一切准备就绪，苏姗打开了咖啡壶的电源。当咖啡煮好了，苏姗端过壶给自己倒了一些咖啡。苏姗从冰箱里拿出一些牛奶倒入咖啡里。她用小勺搅动咖啡，直到咖啡和牛奶混合好。现在咖啡正合她的胃口。苏姗走回房间继续她的考前复习。

实验 1 再认词系列 （主题相关陪衬词）	实验 2 再认词系列 （主题无关陪衬词）
乳酪	汽车
水槽（边缘词）	水槽（边缘词）
豆子	网络
黑色	书画
杯子（中心词）	杯子（中心词）

4. 因为凯特要写一篇论文，所以周六她去了图书馆。这是她第一次去学校的图书馆，所以她不知道在哪儿可以找到她需要的资料。她从宿舍走到图书馆，从大门走进去，然后问咨询台的管理员，她在哪里可以找到期刊索引。管理员指了指右边。她在那里找到了，并开始寻找她所需要的期刊。当她抄完了她想要找的文章索引后，她问管理员期刊室在哪里。她告诉凯特从*楼梯*上到二层，在*楼梯*口向右转。她到了期刊室，取下装订成册的文章。她坐下来，浏览每一篇文章，然后把有用的文章复印了。然后走回大厅去浏览分类卡。她按照科目寻找与她的研究有关的*书*。每张卡片都提供了*书*的名字、作者和电话号码。她记下了她认为有用的*每一本*的信息。然后凯特去找到了*它们*，在桌边坐下，*一本一本*地浏览，看看在*那*里面是否有对她有用的资料。她决定把*它们*都借出来，因此她走到借书处。管理员让她拿出借阅证。管理员在*每一本*上面都盖了一个日期。并告知凯特借阅期为两周。管理员把证件还给她，凯特向门口走去。她走出图书馆，向宿舍走回去。在回宿舍的路上，她想图书馆

并不像她原来想象的那么难用。

实验 1 再认词系列 (主题相关陪衬词)	实验 2 再认词系列 (主题无关陪衬词)
架子	茶杯
书（中心词）	书（中心词）
卷	花瓶
索引	日期
楼梯（边缘词）	楼梯（边缘词）

5. 乔治感觉不舒服已经三个星期了，因此他打电话到医生的办公室。电话铃响了几声后，一个接待员接了电话，她让乔治等一下。最后，一个**护士**接过电话，**她**问乔治有什么需要。乔治告诉**她**自己的姓名和症状。**护士**和医生商量了一下，看是要乔治来看病还是仅去药店买一些对症的药。**她**告诉乔治他需要预约一个时间来医院。乔治问**她**什么时间可以预约，**她**告诉乔治当天和第二天都可以。他告诉**她**马上去。乔治挂上电话，坐进他的汽车，开车去了医生的办公室。乔治提前 15 分钟到，他填写了接待员要求他填写的病人的表格。填完表后，他坐下等叫他的名字。当他被叫到后，他把正在看的杂志放回桌子，跟随医生去了检查室。他让乔治站在**体重计**上。医生从**体重计**记下他的体重，然后量了乔治的体温。接下来医生量了他的血压。乔治脱下衣服，穿上防辐射服的时候，医生离开房间。在他穿好衣服后，医生回到房间。他又对乔治的肺部进行检查。又检查了他的耳朵、鼻子和喉咙。医生给他诊断为扁桃体发炎。

他给乔治开了一些抗生素药，并告诉他卧床休息几天。离开之前，他告诉乔治到接待员那里去交医药费。乔治穿好衣服，走到接待员那里，填写了保险表，然后回家休息。

实验 1 再认词系列 （主题相关陪衬词）	实验 2 再认词系列 （主题无关陪衬词）
护士（中心词）	护士（中心词）
射击	钢笔
体重计（边缘词）	体重计（边缘词）
药片	抽屉
医生	汽车

6. 晚饭后玛丽开始清扫桌子。她把盘子里的食物倒进垃圾桶。然后，她去洗盘子，她先把下水道的塞子塞在洗涤槽中的下水道口。她打开热水开关，把手放在**它**里面，试一下**它**是不是太热。在**它**在洗涤槽里充了一半的时候，她从洗涤槽下面拿出洗洁精。她很快倒了一些洗洁精在**它**里面。在**里面**起了很多泡泡后，她把**它**关掉了。在她去擦桌子的时候，她把盘子放进**水**里，让它们泡着。然后她开始洗杯子。玛丽洗干净了所有的杯子，把它们放到架子上晾着。接着她洗了盘子，把每一个都冲洗干净。然后把它们放到架子上。玛丽又洗了叉子，把它冲洗干净，把它们都放到架子上。玛丽最后洗的是平底锅。平底锅的一些地方有烤焦了的东西留在上面，因此她必须用清洁球才能把它们清除掉。洗完平底锅后，她把它们放到了架子上。玛丽把塞子从下水道口拿开。当洗涤槽排放干净后，她从上到

下把它弄干净。她从碗橱里拿出一条擦碗的**毛巾**，用**毛巾**把盘子擦干净。玛丽把杯子和盘子放进碗橱。然后把叉子放到抽屉里。最后，她把平底锅放到火炉下的抽屉里，把其他东西放入碗橱。她关上灯，离开厨房。

实验1 再认词系列 (主题相关陪衬词)	实验2 再认词系列 (主题无关陪衬词)
毛巾（边缘词）	毛巾（边缘词）
肥皂	小狗
水（中心词）	水（中心词）
烤箱	线团
龙头	手表

7. 皮特和简已经在他们这个房子住了2年了，他们决定重新粉刷客厅。他们去商店挑选涂料，他们从颜色盒中选中一个颜色，然后告诉店员他们想要涂料颜色的号码。店员从仓库里拿出涂料，帮他们调好。他们付了款，拿回家。回到家后，他们开始准备粉刷客厅。他们把所有能搬出去的家具都搬出去，不能搬出去的家具，在上面铺上**报纸**。他们把**报纸**也铺到客厅的地毯上。首先，他们用石膏填上墙上所有的洞，刮掉松动的涂料，用砂纸把粗糙的地方打磨光滑。皮特在滚筒上蘸了一些涂料。把涂料蘸到滚筒上之后，他爬上梯子，开始粉刷天花板。同时，简拿过**刷子**，开始用**它**粉刷其中的一面墙。她把**它**在涂料里蘸了蘸，以便不在**它**上面浸很多涂料。她用**它**小心地上下粉刷墙壁。简把**它**递给皮特，让他粉刷天花板和墙之间的缝隙。

当他粉刷完天花板后，他开始粉刷其他的墙面。当皮特在粉刷最后一面墙的时候，简用温水和肥皂把**刷子**洗干净，把**它**晾干。皮特全部粉刷完后，他盖上涂料桶的盖子，出去把滚筒洗干净。墙干了以后，他们把家具搬回房间。然后，他们换下衣服，到新粉刷的客厅里休息。

实验 1 再认词系列 (主题相关陪衬词)	实验 2 再认词系列 (主题无关陪衬词)
刷子（中心词）	刷子（中心词）
报纸（边缘词）	报纸（边缘词）
桶	曲别针
盖子	商店
加仑	钥匙

8. 约翰想，在这样温暖的天气里，烤牛排不错。在回家的路上，他到超市买了一些食品。到家后，他把食品袋放到桌子上。他从袋子里拿出一瓶烧烤汁和一包真空**包装**的牛排。约翰打开**包装**，取出牛排，把它放在砧板上。约翰打开烧烤汁的瓶子，在牛排的两面擦了一些烧烤汁。然后他把牛排和一个大叉子放到一个大浅盘里，把它端到院子里。院子里有一个两边有木质平台的烤肉架。约翰走到烤肉架，把浅盘放到平台上。然后他打开烧烤架的盖子，拿出**铁格子**。他把**它**拿到外面的水龙头那里。约翰打开水龙头，他抓着水管冲洗它。然后他把水关掉，放下水管，把**它**放回烧烤架。把**它**放好后，约翰蹲下打开煤气。他很快点燃一根火柴，通过**铁格子**的缝隙丢进去。煤气点燃了，小火苗引燃了**它**

下面的木炭。约翰把牛排叉在叉子上，放在**它**上面。牛排上的油滴下来，火苗开始摇曳。过了一会儿，约翰把牛排翻过来烤。约翰关上烧烤架的盖子，让烟熏牛排。当他觉得时间合适了，约翰打开盖子。一股烟从烧烤架上升起来。现在的牛排刚好合适他的胃口。约翰抓住叉子，取下牛排把它放入浅盘。然后他关上煤气，盖上烧烤架的盖子。他端着浅盘走进厨房，开始吃。

实验1再认词系列 （主题相关陪衬词）	实验2再认词系列 （主题无关陪衬词）
炉火	台灯
铁格子（中心词）	铁格子（中心词）
牛排	超市
碟子	鞋子
包装（边缘词）	包装（边缘词）

9. 丹是一名大四的学生，想进一步学习深造。他和他的辅导员约定了一个时间见面。在约定的那天，丹到了系里，见到了他的辅导员。丹坐下后，他告诉辅导员他已经开始考虑几所**学校**。丹的辅导员问了他一些关于**它们**的问题，比如所开的科目、地理位置和大小。丹列举出所有他感兴趣的**那些**。辅导员给了他两个目录，里面包括他所提到的**那些地方**的简介和地址。丹拜访过辅导员后，他回来给**它们**写信要有关的信息。**它们**给他寄过来宣传册子和申请表。在看过这些资料后，丹缩小了他想申请**学校**的范围。他向确定的**每一所**都提交了申请。丹问他的一些老师可否给他写推荐信。他们都同意了，丹非常感谢他

们。他告诉他们要在月底前要把这些信寄出去。丹的老师保证在那时会准备好的。接着丹去了行政**办公室**，请求把他的成绩单寄出。**办公室**的人员说他们会在这周末把它寄出。丹谢过他们，然后回家了。丹获准参加入学考试。考试那天，丹带着准考证和2B铅笔到了考场。在听到监考人员的指令后，他开始做题。他尽可能地既快又准确地做，直到最后。监考人员宣布考试结束，丹交上卷子，然后回家。丹希望结果是不错的，也非常担忧。现在能做的只能是等成绩和录取通知书。

实验1 再认词系列 （主题相关陪衬词）	实验2 再认词系列 （主题无关陪衬词）
老师	目录
校园	池塘
办公室（边缘词）	办公室（边缘词）
学校（中心词）	学校（中心词）
分数	笔筒

10. 闹铃响了。詹妮翻过身，把它关上。6分钟过后，闹铃又响了。詹妮又把它关掉了。在闹铃第三次响的时候，詹妮从她温暖的**床**上翻过身，又把它关掉了。**它**如此的温暖舒适，以至她不想从**它**上面起来。她起**床**，开始收拾**它**。她把**它**上面的被子先叠起来，接着把**它**上面的毯子叠起来。最后，她把枕头放在**它**上面。她妈妈在楼下叫让她快点，要不然去学校就迟到了。詹妮告诉她妈妈她已经起来了，收拾好就下楼。她揉着惺忪的眼睛走进浴室。詹妮打开淋浴让它慢慢升温。她脱下睡衣，

走到淋浴下。在淋浴后和洗过头发后，她走出淋浴，抓过一条毛巾，把身体擦干。她走进房间，走到*衣橱*那里。詹妮打开门，在*衣橱*里找衣服穿。最后，她选择了一个衬衫和裙子。她从衣架上拿下衣服，脱下浴衣。她很快穿上衬衫和裙子。她又回到浴室把东西收拾好。在浴室收拾好以后，她穿上鞋子下楼。她坐在桌旁，浏览晨报的第一版。詹妮的妈妈给她端过早餐。詹妮边吃饭边和她妈妈谈着话。吃过饭，她谢过妈妈，起身把盘子端到水槽里。她从桌子上拿起书本和午餐，走出家门。

实验1再认词系列 （主题相关陪衬词）	实验2再认词系列 （主题无关陪衬词）
钟表	冰箱
衣橱（边缘词）	衣橱（边缘词）
梳子	雪花
床（中心词）	床（中心词）
镜子	伞

材料二：以标题相关方式确定中心概念版本

1. 鲍布问吉尔是否愿意和他共进晚餐。吉尔说她要查看一下时间安排看什么时间有空。鲍布同意了，并说下次给她打电话。鲍布打电话给她，定下了出去的日期和时间。他最后决定带她去一家新开的意大利饭店。鲍布停下车，然后他们走进饭店。当他们进去时，女老板迎接了他们。女老板说要等20分钟，但如果他们想等的话，她将尽可能最快安排好座位。他们说他们在*酒吧*里等。他们进了*酒吧*找到了一张桌子。在*那里*等座位时，他们要了饮料，谈起话来。15分钟后，女老板来到*这里*招呼他们去座位处。他们随她去了餐桌。她给了他们菜单离开了。不久一位*侍者*来到餐桌，告诉他们这里的特色菜和自助餐，在给他们倒好水后，拿着点菜单离开了。一会儿，*他*端来了沙拉并问他们是否喝点别的饮料。很快又拿来了饮料和晚餐，他们开始吃饭。在进晚餐时，*侍者*来看是否一切满意。鲍布和吉尔点头回答是的。他们吃完饭后，*他*又问他们是否需要一些甜点。当等甜点时他们谈了很多。当他们吃完甜点，他们为周到的服务留下了一笔可观的小费。他们付了账离开了饭店。他们上了车，开车去了吉尔的房子。鲍布走出车门和吉尔一起走到了门口。他们互道了晚安，鲍布回到车上开车回家。他想今晚过得不错，并希望能很快再约吉尔出去。

实验 1 再认词系列 （主题相关陪衬词）	实验 2 再认词系列 （主题无关陪衬词）
饭菜（陪衬词）	树木（陪衬词）
厨师（陪衬词）	教师（陪衬词）
侍者（中心目标词）	侍者（中心目标词）
酒吧（边缘目标词）	酒吧（边缘目标词）
小费（陪衬词）	桌子（陪衬词）

2. 汤姆决定去湖边。他下楼出了房门走进汽车棚，开了车门，坐进他的汽车。他转动钥匙，倒着车把车从车棚里开出来。汤姆把车倒好后，沿着街道开去。突然，他感觉汽车往下一沉。

他减慢车速，打开闪光灯。汤姆在路边将车停住，关闭了汽车发动机。他下车，绕着汽车走了一圈，看看发生了什么问题。汤姆发现后面的轮胎泄气了。他走到工具箱处，打开它，拿出**千斤顶**，放在泄气轮胎的旁边。他把**千斤顶**放在汽车后面的车轴下面。当把**它**放在合适的位置，他开始转动把手，把车抬了起来。汤姆觉得汽车抬得足够高了，就把**它**固定在那个位置。他撬开了轮毂罩，用扳手松开螺丝帽。他拿掉了所有的螺丝帽。他使劲拖动轮胎使它从车轴上松下来。他到汽车后面把后备轮胎拿出来，把它斜靠在**防护板**上，而不至于从**它**上面滑下来。他把泄气的轮胎从车轴上拉下来，也斜靠着**它**。然后，他从**防护板**上拿过后备轮胎，把后备轮胎放在车轴上。汤姆把螺丝帽放回原处，把它们都拧紧。他把轮毂罩放到原位。最后，他把汽车降到地面，把地上的物品都收起来。他把它们放回工具箱，盖上盖子。他走回汽车坐到了司机的位置。他转动钥匙，把车挂上挡，慢慢地把车开起来。他再次向目的地进发。

实验1再认词系列 (主题相关陪衬词)	实验2再认词系列 (主题无关陪衬词)
防护板（边缘词）	防护板（边缘词）
轮子	天气
刹车	钥匙
千斤顶（中心词）	千斤顶（中心词）
轮缘	手机

3. 苏姗正在准备一门考试。她觉得有点困了，所以她想为

自己多煮些咖啡。她走出房门走进厨房。她走到火炉那边的柜橱边，打开它。苏姗拿出一个装咖啡过滤器的盒子，从里面拿出一个过滤器，把盒子放回柜橱里。她打开过滤器，把它上端折叠起来使它刚好可以放在咖啡壶里。然后她回房间拿她的**杯子**，又回到厨房。苏姗用水把**它**洗干净、擦干，然后放在咖啡壶旁边。因为**这**是妈妈送的，所以是她最喜欢的**杯子**。她放了两茶匙糖在里面。她走到冰箱，拿出一罐咖啡，放了四勺在过滤器上。然后，她盖上咖啡罐的盖子，把**它**放回冰箱。苏姗拿了一个水罐儿，把它拿到**水槽**。她把水罐儿放到**它**里面，装满水。然后她把水罐儿从**它**里面端出来。她离开**水槽**，走回到咖啡壶，把水倒进里面。她盖上咖啡壶的盖子。一切准备就绪，苏姗打开了咖啡壶的电源。当咖啡煮好了，苏姗端过壶给自己倒了一些咖啡。苏姗从冰箱里拿出一些牛奶倒入咖啡里。她用小勺搅动咖啡，直到咖啡和牛奶混合好。现在咖啡正合她的胃口。苏姗走回房间继续她的考前复习。

实验 1 再认词系列 （主题相关陪衬词）	实验 2 再认词系列 （主题无关陪衬词）
乳酪	汽车
水槽（边缘词）	水槽（边缘词）
咖啡豆	网络
方糖	书画
杯子（中心词）	杯子（中心词）

    4. 因为凯特要写一篇论文，所以周六她去了图书馆。这是

她第一次去学校的图书馆，所以她不知道在哪儿可以找到她需要的资料。她从宿舍走到图书馆，从大门走进去，然后问咨询台的管理员，她在哪里可以找到期刊索引。管理员指了指右边。她在那里找到了它，并开始寻找她所需要的期刊。当她抄完了她想要用的文章索引后，她问管理员期刊室在哪里。她告诉凯特从**楼梯**上去，从**那里**上到二层，走到**它**最后的台阶向右转。她到了期刊室，取下装订成册的文章。她坐下来，浏览每一篇文章，把有用的文章复印了。然后从**楼梯**下去，回到大厅去浏览分类卡。她按照科目寻找与她的研究有关的**书**。每张卡片都提供了**书**的名字、作者和电话号码。她记下了她认为有用的信息。然后凯特去找到了**它们**，在桌边坐下浏览，看看在里面是否有对她有用的资料。她决定把**它们**都借出来，因此她走到借书处。管理员让她拿出借阅证。管理员在上面做了记录，并告知凯特借阅期为两周。管理员把证件还给她，凯特向门口走去。她走出图书馆，向宿舍走回去。在回宿舍的路上，她想图书馆并不像她原来想象的那么难用。

实验 1 再认词系列 (主题相关陪衬词)	**实验 2 再认词系列** (主题无关陪衬词)
架子	茶杯
书（中心词）	书（中心词）
卷	花瓶
索引	日期
楼梯（边缘词）	楼梯（边缘词）

5. 乔治感觉不舒服已经三个星期了，因此他打电话到医生的办公室。电话响了几声后，一个接待员接了电话，她让乔治等一下。最后，一个**护士**接过电话，问他有什么需要。乔治说了自己的姓名和症状。**护士**和医生商量了一下，看是要乔治来看病还是仅去药店买一些对症的药。**她**告诉乔治他需要预约一个时间来医院。乔治问什么时间可以预约，**她**告诉乔治当天和第二天都可以。他说马上去。乔治挂上电话，坐进他的汽车，开车去了医生的办公室。乔治提前15分钟到，他填写了接待员要求他填写的病人的表格。填完表后，他坐下等叫他的名字。当他被叫到后，他把正在看的杂志放回桌子，跟随医生去了检查室。他指着**体重计**，让乔治站在**它**上面。医生从**它**上面记下他的体重，乔治走下**体重计**。然后他量了乔治的体温。接下来医生量了他的血压。乔治脱下衣服，穿上防辐射服的时候，医生离开房间。在他穿好衣服后，医生回到房间。他又对乔治的肺部进行检查，又检查了他的耳朵、鼻子和喉咙。医生给他诊断为扁桃体发炎。他给乔治开了一些抗生素药，并告诉他卧床休息几天。离开之前，他告诉乔治到接待员那里去交医药费。乔治穿好衣服，走到接待员那里，填写了保险表，然后回家休息。

实验1再认词系列 （主题相关陪衬词）	实验2再认词系列 （主题无关陪衬词）
护士（中心词）	护士（中心词）
射击	钢笔
体重计（边缘词）	体重计（边缘词）

药片　　　　　　　　抽屉

医生　　　　　　　　汽车

6. 晚饭后玛丽开始清扫桌子。她把盘子里的食物倒进垃圾桶。然后，她去洗盘子，她先把下水道的塞子塞在洗涤槽中的下水道口。她打开热**水**开关，把手放在里面，试一下是不是太热。在洗涤槽里充了一半的时候，她从洗涤槽下面拿出洗洁精。她很快倒了一些洗洁精在**水**里面。在里面起了很多泡泡后，她把**它**关掉了。在她去擦桌子的时候，她把盘子放进**它**里面，让它们泡着。开始她洗杯子。玛丽洗干净了所有的杯子，把它们放到架子上晾着。接着她洗了盘子，把每一个都冲洗干净。然后把它们放到架子上。玛丽又洗了叉子，把它冲洗干净。她把它们都放到架子上。玛丽最后洗的是平底锅。平底锅的一些地方有烤焦了的东西留在上面，因此她必须用清洁球才能把它们清除掉。洗完平底锅后，她把它们放到了架子上。玛丽把塞子从下水道口拿开。当洗涤槽排放完后，她从上到下把它弄干净。她从碗橱里拿出一条擦碗的**毛巾**，用**它**擦盘子。在用**毛巾**把盘子都擦干净后，她把**它**放回碗橱，玛丽把杯子和盘子放进碗橱，然后把叉子放到抽屉里。最后，她把平底锅放到火炉下的抽屉里，把其他东西放入碗橱。她关上灯，离开厨房。

实验 1 再认词系列　　　　**实验 2 再认词系列**
(主题相关陪衬词)　　　　　**(主题无关陪衬词)**

毛巾 (边缘词)　　　　　　毛巾 (边缘词)

肥皂	小狗
水（中心词）	水（中心词）
烤箱	线团
龙头	手表

7. 皮特和简已经在他们这个房子住了2年了，他们决定重新粉刷客厅。他们去商店挑选涂料，他们从颜色盒中选中一个颜色，然后告诉店员他们想要涂料颜色的号码。店员从仓库里拿出涂料，帮他们调好。他们付了款，拿回家。回到家后，他们开始准备粉刷客厅。他们把所有能搬出去的家具都搬出去。对于不能搬出去的家具，他们找来废弃的*报纸*，一张一张地把*它们*打开，将*它们*铺在家具上面。他们把*报纸*也铺到客厅的地毯上。首先，他们用石膏填上墙上所有的洞，刮掉松动的涂料，用砂纸把粗糙的地方打磨光滑。皮特在滚筒上蘸了一些涂料。把涂料蘸到滚筒上之后，他爬上梯子，开始粉刷天花板。同时，简拿过*刷子*，开始粉刷其中的一面墙。她把*它*在涂料里蘸了蘸，以便不使它浸很多涂料。她小心地上下粉刷墙壁。简把*它*递给皮特，让他粉刷天花板和墙之间的缝隙。当他粉刷完天花板，他开始粉刷其他的墙面。当皮特在粉刷最后一面墙的时候，简用温水和肥皂把*刷子*洗干净、晾干。皮特全部粉刷完后，他盖上涂料桶的盖子，出去把滚筒洗干净。墙干了以后，他们把家具搬回房间。然后，他们换下衣服，到新粉刷的客厅里休息。

实验 1 再认词系列 (主题相关陪衬词)	实验 2 再认词系列 (主题无关陪衬词)
刷子（中心词）	刷子（中心词）
报纸（边缘词）	报纸（边缘词）
桶	曲别针
盖子	商店
加仑	钥匙

8. 约翰想，在这样温暖的天气里，烤牛排不错。在回家的路上，他到超市买了一些食品。到家后，他把食品袋放到桌子上。他从袋子里拿出一瓶烧烤汁和一包真空**包装**的牛排。约翰**打开它**，从它里面取出牛排，把牛排放在砧板上，把**包装**扔到垃圾桶。约翰打开烧烤汁的瓶子，在牛排的两面擦了一些烧烤汁。然后他把牛排和一个大叉子放到一个大浅盘里，把它端到院子里。院子里有一个两边有木质平台的烤肉架。约翰走到烤肉架，把浅盘放到平台上。然后他打开烧烤架的盖子，拿出**铁格子**到外面的水龙头那里。约翰打开水龙头，他抓着水管冲洗**它**。然后他把水关掉，把**它**放回烧烤架。放好后，约翰蹲下打开煤气。他很快点燃一根火柴，丢进烧烤架里。煤气点燃了，小火苗引燃了下面的木炭。约翰把牛排叉在叉子上，放在**铁格子**上面。牛排上的油滴下来，火苗开始摇曳。过了一段时间，约翰把牛排翻过来烤。约翰关上烧烤架的盖子，让烟熏牛排。当他觉得时间合适了，约翰打开盖子，一股烟从烧烤架上升起来。现在的牛排刚好合适他的胃口。约翰抓住叉子，取下牛排

把它放入浅盘。然后他关上煤气，盖上烧烤架的盖子。他端着浅盘走进厨房，开始吃。

实验1再认词系列 (主题相关陪衬词)	实验2再认词系列 (主题无关陪衬词)
炉火	台灯
铁格子（中心词）	铁格子（中心词）
牛排	超市
碟子	鞋子
包装（边缘词）	包装（边缘词）

9. 丹是一名大四的学生，想进一步学习深造。他和他的辅导员约定了一个时间见面。在约定的那天，丹到了系里，见到了他的辅导员。丹坐下后，他告诉辅导员他已经开始考虑几所**学校**。丹的辅导员问了一些关于**它们**的问题，比如所开的科目、地理位置和大小。丹列举出所有他感兴趣的。辅导员给了他两个目录，里面包括他所提到的**那些地方**的简介和地址。在丹拜访过辅导员后，他回来写信查找有关的信息。后来他收到一些宣传册子和申请表。在看过这些资料后，丹缩小了他想申请的范围。他向确定的**学校**都提交了申请。丹问他的一些老师可否给他写推荐信。他们都同意了，丹非常感谢他们。他告诉他们要在月底前要把这些信寄出去。丹的老师保证在那时会准备好的。接着丹去了行政**办公室**，敲门进到**它**里面，请求把他的成绩单寄出。**办公室**的人员说他们会在这周末把它寄出。丹谢过他们，然后离开**那里**，回家了。丹获准参加入学考试。考试那

天，丹带着准考证和2B铅笔到了考场。在听到监考人员的指令后，他开始做题。他尽可能地既快又准确地做，直到最后。监考人员宣布考试结束，丹交上卷子，然后回家。丹希望结果是不错的，也非常担忧。他现在能做的只能是等成绩和录取通知书。

实验1再认词系列 （主题相关陪衬词）	**实验2再认词系列** （主题无关陪衬词）
老师	目录
校园	池塘
办公室（边缘词）	办公室（边缘词）
学校（中心词）	学校（中心词）
分数	笔筒

10. 闹铃响了。詹妮翻过身，把它关上。6分钟过后，闹铃又响了。詹妮又把它关掉了。在闹铃第三次响的时候，詹妮从她温暖的*床*上翻过身，又把它关掉了。*它*如此温暖舒适，以至她不想起来。她起*床*开始收拾。她把*它*上面的被子先叠起来，接着把毯子也叠起来。最后，她把枕头放到合适的位置。妈妈在楼下叫让她快点，要不然去学校就迟到了。詹妮告诉妈妈她已经起来了，收拾好就下楼。她揉着惺忪的眼睛走进浴室。詹妮打开淋浴让它慢慢升温。她脱下睡衣，走到淋浴下。在淋浴后和洗过头发后，她走出淋浴，抓过一条毛巾，把身体擦干。她走进房间，走到*衣橱*那里。詹妮打开*它*的门，在*它*里面找衣服穿。最后，她选择了一个衬衫和裙子。她从衣架上拿下衣服，脱下浴衣。她很快穿上衬衫和裙子。她离开*衣橱*，回到浴室把

东西收拾好。在浴室收拾好以后，她穿上鞋子下楼。她坐在桌旁，浏览晨报的第一版。詹妮的妈妈给她端过早餐。詹妮边吃饭边和妈妈谈着话。吃过饭，她谢过妈妈，起身把盘子端到水槽里。她从桌子上拿起书本和午餐，走出家门。

实验 1 再认词系列 （主题相关陪衬词）	实验 2 再认词系列 （主题无关陪衬词）
钟表	冰箱
衣橱（边缘词）	衣橱（边缘词）
梳子	雪花
床（中心词）	床（中心词）
镜子	伞

3. 设计与程序

实验 1 和实验 2 都是 2×2 被试内材料内实验设计。一个自变量是文本中心概念确定方式，有两个水平：词频相关和标题相关；另一个自变量是目标词，也有两个水平：中心目标词和边缘目标词。因变量是再认目标词的反应时间与错误率。

实验材料共有 10 篇脚本文章，每篇文章分为词频相关与标题相关两个版本，因此，共有词频相关系列文本（简称 A 系列）10 篇，标题相关系列文本（简称 B 系列）10 篇，用 A 系列前 5 篇材料（A_1）与 B 系列后 5 篇材料（B_2）组成第一套阅读材料（A_1B_2），用 A 系列后 5 篇材料（A_2）与 B 系列前 5

材料（B₁）组成第二套阅读材料（A₂B₁）。在实验 1 中，32 名被试随机分为两半，一半阅读 A₁B₂，另一半阅读 A₂B₁。这样，所有的被试都阅读全部 10 篇正式材料，两种版本各半，两种条件同等地出现在各篇材料中。在实验 2 中，30 名被试随机分成两半，做法同实验 1。

实验 1 与实验 2 均按照 Rizzella & O'Brein（2002）研究的实验程序（见附件 1 实验指导语）。每套材料的 10 篇文章按随机顺序排列，采用动窗技术，由被试自己按键逐句进行阅读，每次按键后当前句被抹掉并出现下一句，计算机自动记录每句的阅读时间。每篇文章阅读完后，屏幕上呈现"＊＊＊"的提示符 500 毫秒，然后立即逐个呈现再认探测词，要求被试迅速作出判断，若该词在文本中出现过，按 F 键；若没有出现过，按 J 键。如果判断正确，呈现"＊＊＊"提示符之后再呈现下一个探测词；如果判断错误或者在 5 秒之内没有反应，屏幕上会呈现"错误"二字，持续 500 毫秒以后自动消失，随后呈现"＊＊＊"提示符，接着下一个探测词。为使被试熟悉程序，他们在正式实验前完成两个练习（见附件 2）。填充文章的数据不计算。

（三）评定实验

重复 Rizzella & O'Brien（2002）研究的评定实验。第一个评定实验是以标题相关的方式确定中心概念与边缘概念，53 名大学生参与。向每个学生呈现正式实验的 10 篇脚本文本的小册子，每篇包括两页，第一页是文本正文，第二页呈现 6 个文本中提及的词，作为中心概念和边缘概念的备选词，其中 3 个估计是与文本标题有密切关系的词，3 个估计是与文本标题关系不密切的词，要求被试根据该词与文本标题的关系进行评定，标准从 1（不密切）到 7（非常密切），6 个词随机排列。根据被试评定结果，每篇文本选出评价等级相差最大的两个词作为该文再认部分的目标词，等级最高的作为中心词，等级最低的作为边缘词。根据评定结果区分出来的中心词的平均等级为 6.28，边缘词为 3.09，差异非常显著，$t_{(9)}= 21.98$，$p<0.001$。这个评定结果与 Rizzella & O'Brien（2002）研究的评定实验结果基本相符。

第二个评定实验是确定陪衬词是否与文章标题相关，25 名大学生参加，做法与中心概念的确定方法基本相同，但只要求被试对陪衬词与文本标题的关系进行"有"与"无"的评定，评定结果与 Rizzella & O'Brien（2002）研究相符。

(四) 结果与分析

记录实验 1 和实验 2 中被试再认的平均反应时间和错误率。删除偏离平均数 3 个标准差的反应时，这样的数据在实验 1 中有 3.44%，在实验 2 中有 3.13%。在统计分析软件 SPSS 10.0 中对所有数据进行两种统计处理，F_1 是基于被试变量的分析，F_2 是基于项目变量的分析（下同）。实验 1 结果见表 3-1，实验 2 结果见表 3-2。

表 3-1 两种中心确定方式在主题相关陪衬词条件下对目标词再认的情况

中心确定方式	中心词			边缘词		
	RT	SE	PE	RT	SE	PE
词频相关	854.60	160.67	4.4	950.98	185.28	15.6
标题相关	932.55	224.67	3.7	883.12	191.49	4.3

注：RT=反应时（毫秒）；SE=标准差；PE=错误率（%）。

表 3-2 两种中心确定方式在主题无关陪衬词条件下对目标词再认的情况

中心确定方式	中心词			边缘词		
	RT	SE	PE	RT	SE	PE
词频相关	831.01	245.54	3.7	1023.91	297.08	11.2
标题相关	853.53	211.86	5.6	957.26	233.71	8.1

注：RT=反应时（毫秒）；SE=标准差；PE=错误率（%）。

对实验 1 的表 3-1 反应时数据进行两因素重复测量的方差分析，结果表明，中心词确定方式与目标词类型两者交互作用非常显著：$F_{1(1,31)} = 23.52$，$p<0.001$；$F_{2(1,9)} = 23.70$，$p<0.001$。简单效应分析表明，在以词频相关确定中心概念的情况下，中心目标词比边缘目标词的提取速度更快，差异非常显著：$t_1 = -4.82$，$p<0.001$；$t_2 = -2.51$，$p<0.05$。而在标题相关确定中心概念情况下，中心目标词比边缘目标词提取的速度慢，被试检验差异也达到显著性水平：$t_1 = 2.01$，$p = 0.05$；$t_2 = 1.6$，$p = 0.13$。

对表 3-1 的错误率数据进行两因素重复测量的方差分析，结果表明，中心词确定方式和目标词类型交互作用显著，$F_{1(1,31)} = 8.75$，$p<0.01$；$F_{2(1,9)} = 2.23$，$p = 0.17$。简单效应分析表明，在词频相关方式确定中心概念的情况下，边缘词再认错误

率也比中心词大，被试检验差异非常显著：$t_1 = -3.63$，$p<0.01$；$t_2 = -1.54$，$p = 0.16$；在标题相关确定中心概念情况下，中心词和边缘词错误率差异不显著，$t_1 = -0.30$，$p = 0.77$；$t_2 = -0.22$，$p = 0.83$。

对实验 2 的表 3-2 反应时数据进行两因素重复测量的方差分析，结果表明，中心词确定方式主效应不显著：$F_{1(1,31)} = 1.48$，$p>0.05$；$F_{2(1,9)} = 0.11$，$p > 0.05$。目标词类型主效应显著：$F_{1(1,31)} = 51.33$，$p<0.001$；$F_{2(1,9)} = 5.95$，$p<0.05$，中心目标词提取速度显著快于边缘目标词。中心词确定方式与目标词类型两者交互作用边缘显著：$F_{1(1,31)} = 3.33$，$p = 0.078$；$F_{2(1,9)} = 3.54$，$p = 0.09$。而简单效应分析表明，无论在以词频相关方式确定中心概念的情况下，还是在以标题相关确定中心概念的情况下，中心目标词比边缘目标词的反应速度都要快，差异显著。

对表 3-2 错误率数据进行两因素重复测量的方差分析，结果表明，中心词确定方式主效应不显著：$F_{1(1,31)} = 0.11$，$p>0.05$；$F_{2(1,9)} = 0.002$，$p>0.05$。目标词类型主效应显著：$F_{1(1,31)} = 7.75$，$p<0.01$；$F_{2(1,9)} = 6.35$，$p<0.05$，边缘目标词犯错误率多于中心目标词。中心词确定方式与目标词类型两者交互作用不显著 $F_{1(1,31)} = 1.63$，$p = 0.21$；$F_{2(1,9)} = 4.67$，$p = 0.059$。也就是说，无论是词频相关还是标题相关确定方式，中心目标词的再认错误率都显著低于边缘目标词。

实验 1 和实验 2 是重复实验，实验的材料、设计及结果分析等都完全按照 Rizzella & O'Brein（2002）的研究，结果与该研究相符，在中文条件下验证了他们的研究结论：对于脚本文本的阅读，当采用词频相关方式来确定中心概念时，中心目标词的通达快于边缘目标词；而采用标题相关方式来确定中心概念且陪衬词与文本标题相关的情况下，中心目标词的通达则慢于边缘目标词。

然而，根据本研究的设想，上述两种确定中心概念的方式，都不能真正确定出体现文本主题的中心概念，因此，上述的结果并不一定能真实反映中心概念的通达状况，为此，实验2准备采用事件相关方式确定中心概念，并探讨这种方式确定的中心概念的通达情况。

第二节 脚本文本事件相关中心的概念通达

一、标题相关和无关陪衬词干扰下脚本文本事件相关中心的概念通达

（一）研究目的

通过实验3探讨在脚本文本阅读过程中以事件相关方式确定的中心概念在主题相关（标题相关）陪衬词和主题无关（标题无关）陪衬词干扰下的通达情况。[1]

---

[1] 这里以标题相关的方式确定与主题有关的陪衬词，这种主题相关陪衬词实际上是标题相关陪衬词。

（二）研究方法

1. 被　试

华南师范大学 28 名本科生参加本实验。所有被试均裸视或矫正视力正常，母语为汉语，无阅读障碍。

2. 实验材料

本实验的材料与实验 1 的材料构成相同，正式材料是 10 篇脚本文本，每篇文本都以事件相关方式确定中心概念与边缘概念，它们在文章中都是出现 2 次；每篇文章后面有两个再认词系列，两个系列的目标词相同，但是陪衬词不同，第一个系列的陪衬词与文本的标题有关，称为"标题相关陪衬词"；第二系列的陪衬词与文本的标题无关，称为"标题无关陪衬词"。实验材料如下。

材料：以事件相关方式确定中心概念版本

1. 鲍布问吉尔是否愿意和他共进晚餐。吉尔说要查看一下时间安排看什么时间有空。鲍布说下次再给她打电话。鲍布打电话给她，*预约*了出去的日期和时间。他最后决定带她去一家新开的意大利饭店。鲍布停下车，然后他们走进饭店。他们刚刚进去，女老板迎接了他们。女老板说因为没有*预约*，现在他们要等 20 分钟，如果他们想等的话，她将尽可能快地安排好座位。他们说在酒吧里等。他们进了酒吧找到了一张桌子。在等座位时，他们要了饮料，谈起话来。15 分钟后，女老板招呼他们去座位处。他们随她去了餐桌。她给了他们菜单离开了。不久一位侍者来到餐桌，介绍这里的特色菜。他们点完菜后，侍者拿着点菜单离开了。一会儿，饮料和晚餐就端上来了，他们开始吃。在**进餐**时，侍者来看是否一切都满意。鲍布和吉尔点头回答是的，**进餐**后，他又问他们是否需要一些甜点。在等甜点时他们聊了很多。吃完甜点，他们觉得服务非常周到，留下了一笔可观的小费。他们付了账离开了饭店。他们上了车，开车去了吉尔的房子。鲍布走出车门和吉尔一起走到了门口。他们互道了晚安，鲍布回到车上开车回家。他想今晚过得不错，并且希望能很快再约吉尔出去。

再认词系列 1 （标题相关陪衬词）	再认词系列 2 （标题无关陪衬词）
饭菜（陪衬词）	树木（陪衬词）
厨师（陪衬词）	教师（陪衬词）
进餐（中心目标词）	进餐（中心目标词）
预约（边缘目标词）	预约（边缘目标词）
小费（陪衬词）	桌子（陪衬词）

2. 汤姆决定去湖边。他下楼出了房门走进汽车棚，开了车门，坐进他的汽车。他**转动**钥匙，倒着把车从车棚里开出来。汤姆把车倒好后，沿着街道开去。突然，他感觉汽车往下一沉。他减慢车速，打开车的尾灯。汤姆在路边将车停住，关闭了汽车发动机。他下车，绕着汽车走了一遭，看发生了什么问题。汤姆发现后面的轮胎泄气了。他走到工具箱处，打开它，拿出

千斤顶，放在泄气轮胎的旁边，准备**修车**。他把千斤顶放在汽车后面的车轴下面。当把它放在合适的位置，他开始**转动**把手，把车抬了起来。汤姆觉得汽车抬得足够高了，就把它固定在那个位置。他撬开了轮胎中间的轮毂罩，用扳手松开螺丝帽。他拿掉了所有的螺丝帽。他使劲拖动轮胎使它从车轴上松下来。他到汽车后面把后备轮胎拿出来，把它斜靠在防护板上。他把坏掉的轮胎从车轴上拉下来，也斜靠在防护板上。然后，他拿过后备轮胎，把后备轮胎放在车轴上。汤姆把螺丝帽放回原处，把它们都拧紧。他把轮毂罩也放到原位。最后，他把汽车降到地面，把地上的**修车**工具都收起来。他把它们放回工具箱，盖上盖子。他走回汽车坐到司机的位置，把车挂上挡，慢慢地把车开起来。他再次向目的地进发。

再认词系列 1 (标题相关陪衬词)	再认词系列 2 (标题无关陪衬词)
转动（边缘词）	转动（边缘词）
轮子	天气
刹车	窗帘
修车（中心词）	修车（中心词）
轮缘	手机

3. 苏姗正在准备一门**考试**。她觉得有些困了，所以她想为自己多**煮**些咖啡。她走出房门走进厨房。她走到火炉边的柜橱，打开它。苏姗拿出一个装咖啡过滤器的盒子，从里面拿出一个过滤器，把盒子放回柜橱里。她打开过滤器，把它上端折叠起

来使它刚好可以放在咖啡壶里。然后她回房间拿她的杯子，拿到厨房。苏姗用水把它洗干净，擦干。然后她把它放在咖啡壶旁边。因为是妈妈送给她的，所以是她最喜欢的杯子。她放了两茶匙糖在里面。她走到冰箱，拿出一盒咖啡，放了四勺在咖啡壶里。然后她盖上咖啡壶的盖子。她盖上咖啡盒的盖子，把它放回冰箱。苏姗拿了一个水罐儿，把它拿到水槽。她把水罐儿放入水槽，给它装满冷水。然后她走回到咖啡壶，把水倒进它里面。然后，她用小勺在里面搅动了一下。她盖上咖啡壶的盖子。一切准备就绪，苏姗打开了咖啡壶的电源。当咖啡**煮**好了，苏姗端过壶给自己倒了一些咖啡。苏姗从冰箱里拿出一些牛奶倒入咖啡里。她用小勺搅动咖啡，直到咖啡和牛奶混合好。现在咖啡正合她的胃口。苏姗走回房间继续她的**考试**复习。

再认词系列1 （标题相关陪衬词）	再认词系列2 （标题无关陪衬词）
乳酪	花朵
考试（边缘词）	考试（边缘词）
咖啡豆	网络
方糖	书画
煮（中心词）	煮（中心词）

4. 因为凯特要写一篇论文，所以周六她去了图书馆**借书**。这是她第一次去学校的图书馆，她不知道在哪儿可以找到她需要的资料。她从宿舍走到图书馆，从大门走进去，然后**询问**图书馆的管理员，她在哪里可以找到期刊索引。管理员指了指右

边。她在那里找到了它，并开始寻找她所需要的期刊。当她抄完了她想要找的文章索引后，她又*询问*管理员期刊室在哪里。她告诉凯特从楼梯上去到二层，然后向右转。她到了期刊室，取下装订成册的文章。她坐下来，浏览每一篇文章，她把有用的文章复印了。然后从楼梯下去，回到大厅去浏览分类卡。她按照科目寻找与她的研究有关的书。每张卡片都提供了书的名字、作者和电话号码。她记下了她认为有用的信息。然后凯特去找到了它们，坐在桌旁浏览，看看在里面是否有对她有用的资料。她决定把它们都借出来，因此她走到借阅处。管理员让她拿出借阅证。管理员在上面做了记录，并告知凯特借阅期为两周。管理员把证件还给她，凯特向门口走去。她走出图书馆，向宿舍走回去。在回宿舍的路上，她想在图书馆*借书*并不像她原来想象的那么困难。

再认词系列 1 （标题相关陪衬词）	再认词系列 2 （标题无关陪衬词）
架子	茶杯
借书（中心词）	借书（中心词）
卷	花瓶
索引	日期
询问（边缘词）	询问（边缘词）

5. 乔治感觉不舒服已经三个星期了，因此他打电话到医院的门诊室。电话铃响了几声后，一个接待员接了电话，她让乔治等一下。最后，一个护士接过电话，问他有什么需要。乔治

说了自己的姓名和症状。护士和医生商量了一下，看是要乔治来**看病**还是仅去药店买一些对症的药。她告诉乔治他需要预约一个时间来医院**看病**。乔治问什么时间可以预约，护士说当天和第二天都可以。他说马上去。乔治挂上电话，坐进他的汽车，开车去了医生的办公室。乔治提前15分钟到，他**填写**了接待员要求他**填写**的病人的表格。然后，他坐下等叫他的名字。当他被叫到后，他把正在看的杂志放回桌子，跟随医生去了检查室。医生指着体重计，让乔治站在它上面。医生记下他的体重。然后他量了乔治的体温。接下来医生量了乔治的血压。乔治脱下衣服，穿上防辐射服的时候，医生离开房间。在他穿好衣服后，医生回到房间。他又对乔治的肺部进行检查，又检查了他的鼻子、喉咙。医生给他诊断为扁桃体发炎。他给乔治开了一些抗生素药，并告诉他卧床休息几天。离开之前，他告诉乔治到接待员那里去交医药费。乔治穿好衣服，走到接待员那里，交了医药费，然后回家休息。

再认词系列 1 (标题相关陪衬词)	再认词系列 2 (标题无关陪衬词)
看病（中心词）	看病（中心词）
注射	小鸟
填写（边缘词）	填写（边缘词）
药片	阳光
医生	杂志

6. 晚饭后玛丽开始清扫桌子。她把盘子里的食物倒进垃圾

桶。然后，她去洗盘子，她先把下水道的塞子塞在洗涤槽中的下水道口。她打开热水开关，把手放在里面，试一下水是不是太热。在洗涤槽里充了一半水的时候，她从洗涤槽下面拿出洗洁精。她很快倒了一些洗洁精在里面。她把盘子放在水里泡着，她**离开**这里，去擦桌子。然后她开始洗杯子。玛丽洗干净所有的杯子，把它们放到架子上晾着。接着她洗了盘子，把每一个都**冲洗**了，然后把它们放到架子上。玛丽又洗了叉子，把它都**冲洗**了一遍。她把它们都放到架子上。玛丽最后洗的是平底锅。平底锅的一些地方有烤焦了的东西留在上面，因此她必须用清洁球才能把它们清除掉。洗完平底锅后，她把它们放到了架子上。玛丽把塞子从下水道口拿开。当洗涤槽排放完后，她从上到下把它擦干净。她从碗橱里拿出一条擦碗的毛巾，用它擦盘子。在用毛巾把盘子都擦干后，她把它放回碗橱，玛丽把杯子和盘子放进碗橱。然后把叉子放到抽屉里。最后，她把平底锅放到火炉下的抽屉里，把其他东西放入碗橱。她关上灯，**离开**厨房。

再认词系列1 （标题相关陪衬词）	再认词系列2 （标题无关陪衬词）
离开（边缘词）	离开（边缘词）
肥皂	小狗
冲洗（中心词）	冲洗（中心词）
烤箱	线团
龙头	手表

7. 皮特和简已经在他们这个房子住了 2 年了，他们决定重新**粉刷**客厅。他们去商店挑选涂料，他们从颜色盒中选中一个颜色，然后告诉店员他们想要涂料颜色的号码。店员从仓库里拿出涂料，帮他们调好。他们付了款，拿回家。回到家后，他们开始准备**粉刷**客厅。他们把所有能移动的家具都**搬运**出去。对于不能**搬运**出去的家具，他们找来废弃的报纸，将它们铺在家具上面。他们把报纸也铺到客厅的地毯上。首先，他们用石膏填上墙上所有的洞，刮掉松动的涂料，用砂纸把粗糙的地方打磨光滑。皮特在滚筒上蘸了一些涂料。把涂料蘸到滚筒上之后，他爬上梯子，开始刷天花板。同时，简拿过刷子，开始刷其中的一面墙。她把刷子在涂料里蘸了蘸，以便不使它浸很多涂料。她小心地上下刷墙壁。简把它递给皮特，让他刷天花板和墙之间的缝隙。当他刷完天花板，他开始刷其他的墙面。当皮特在刷最后一面墙的时候，简用温水和肥皂把刷子洗干净，晾干。皮特全部刷完后，他盖上涂料桶的盖子，出去把滚筒洗干净。墙面干了以后，他们把家具移回房间。然后，他们换下衣服，到焕然一新的客厅里去休息。

再认词系列1 (标题相关陪衬词)	再认词系列2 (标题无关陪衬词)
粉刷（中心词）	粉刷（中心词）
搬运（边缘词）	搬运（边缘词）
桶	曲别针
盖子	商店
加仑	钥匙

8. 约翰想，今天天气适合**烧烤**。在回家的路上，他到超市买了一些食品。到家后，他把食品袋放到桌子上。他从袋子里拿出一瓶专门用来**烧烤**的酱汁和一包真空包装的牛排。约翰打开它，取出牛排，把牛排放在砧板上。约翰打开酱汁的瓶子，在牛排的两面擦了一些。然后他把牛排和一个大叉子放到一个大浅盘，把它端到院子里。院子里有一个两边有木质平台的烤肉架。约翰走到烤肉架，把浅盘放到平台上。然后他打开烤肉架的盖子，拿出铁格子到外面的水龙头那里。约翰打开水龙头，他抓着水管冲洗它。然后他把水关上，放下水管，把铁格子放回烤肉架。放好后，约翰蹲下打开煤气。他很快**点燃**一根火柴，丢进烤肉架里。煤气**点燃**了，小火苗引燃了下面的木炭。约翰把牛排叉在叉子上，放在铁格子上面。牛排上的油滴下来，火苗开始摇曳。过了一段时间，约翰把牛排翻过来烤。约翰关上烤肉架的盖子，让烟熏牛排。当他觉得时间合适了，约翰打开盖子。一股烟从烤肉架上升起来。现在的牛排刚好合适他的胃口。约翰抓住叉子，取下牛排把它放入浅盘。然后他关上煤气，盖上烤肉架的盖子。他端着浅盘走进厨房，开始吃。

再认词系列 1 （标题相关陪衬词）	再认词系列 2 （标题无关陪衬词）
炉火	台灯
烧烤（中心词）	烧烤（中心词）
牛排	超市
碟子	鞋子
点燃（边缘词）	点燃（边缘词）

9. 丹是一名大四的学生，想进一步学习深造。他和他的辅导员约定了一个时间见面。在约定的那天，丹到了系里，见到了他的辅导员。丹坐下后，他告诉辅导员他在考虑几所学校。丹的辅导员问了他一些关于它们的问题，比如所开的科目、地理位置和大小。丹一一列举出所有他考虑的那些学校。辅导员给了他两个目录，里面包括他所提到的学校的简介和地址。在丹拜访过辅导员后，他回来给学校写信索要有关的材料。后来他收到一些宣传册和申请表。在看过这些资料后，丹缩小了他想**申请**的范围。他向确定的学校都提交了**申请**。丹问他的一些老师可否给他写推荐信。他们都同意了，丹非常感谢他们。他告诉他们要在月底前要把这些信寄出去。丹的老师保证在那时会准备好的。接着丹去了行政办公室，请求把他的成绩单寄出。办公室的人员说他们会在这周末把它寄出。丹谢过他们，然后离开那里。丹获准参加入学考试。临考那天，丹带着准考证和2B铅笔到了考场。在听到监考人员**宣布**开始的指令后，他开始做题。他尽可能地既快又准确地做，直到最后。监考人员**宣布**考试结束，丹交上卷子，然后回家。丹希望结果是不错的，也非常担忧。他现在能做的只能是等成绩和录取通知书。

再认词系列 1 (标题相关陪衬词)	再认词系列 2 (标题无关陪衬词)
老师	目录
校园	池塘
宣布（边缘词）	宣布（边缘词）

申请（中心词）　　　　　　申请（中心词）

分数　　　　　　　　　　　笔筒

10. 闹铃响了，詹妮翻过身，把它关上。6 分钟过后，闹铃又响了。詹妮又把它关掉了。在闹铃第三次响的时候，詹妮起身，又把它关掉了。她睡得是那样的舒服，以至她不想**起床**。但是，她不得不**起床**。起来后，她把床上面的被子先叠起来，接着把毯子也叠起来。最后，她把枕头放到合适的位置。妈妈在楼下叫她快点，要不然上学就迟到了。詹妮告诉妈妈她已经起来了，收拾好就下楼。她揉着惺忪的眼睛走进浴室。詹妮打开淋浴让它慢慢升温。她脱下睡衣，走到淋浴下。在淋浴后和洗过头发后，她走出淋浴，抓过一条毛巾，把身体擦干。她走进房间，走到衣橱那里。詹妮打开它。最后，她选择了一件衬衫和一条裙子。她从衣架上拿下衣服，脱下浴衣。她很快穿上衬衫和裙子。她离开衣橱，回到浴室把东西收拾好。在浴室收拾好以后，她穿上鞋子下楼。她坐在桌旁，*浏览*晨报的第一版。妈妈给她端过早餐。詹妮边吃饭边*浏览*晨报的新闻。吃过饭，她谢过妈妈，起身把盘子端到水槽里。她从桌子上拿起书本和午餐，走出家门。

再认词系列 1　　　　　　**再认词系列 2**
（标题相关陪衬词）　　　　　（标题无关陪衬词）

钟表　　　　　　　　　　　冰箱

浏览（边缘词）　　　　　　浏览（边缘词）

梳子 雪花

起床（中心词） 起床（中心词）

镜子 伞

3. 设计与程序

本实验是 2×2 被试内材料内设计。有两个自变量：一个是目标词类型，分中心目标词和边缘目标词两种水平；另一个是陪衬词类型，分为标题相关陪衬词与标题无关陪衬词两种水平。因变量是再认目标词的反应时间与正确率。

实验程序与实验 1 相同。

（三）评定实验

评定实验目的是以事件相关的方式确定中心概念与边缘概念，51 名大学生参与，做法与实验 1 基本相同。向每个学生呈现正式实验的 10 篇脚本文本的小册子，每篇包括两页，第一页是文本正文，第二页呈现 6 个文本中提及的词作为中心概念和边缘概念的备选词，要求被试根据该词与文本中心事件的关系进行评定，标准从 1（不密切）到 7（非常密切）。这 6 个词之中，2 个估计是与文本事件有密切关系的词，2 个估计是与文本事件关系不密切的词，2 个是实验 1 用标题相关确定的中心词和边缘词，6 个词随机排列。根据被试评定结果，每篇文本选出评价等级相差最大的两个词作为该文再认部分的目标词，等级最高的作为中心词，等级最低的作为边缘词。根据评定结果区分出来的中心词的平均等级为 5.48，边缘词为 3.46，差异非常显著，$t_{(9)} = 21.98$，$p<0.001$。尤其值得注意的是，在评定实验中，发现标题相关和事件相关确定的中心概念分离的证据，有 6 篇文本采用事件相关确定的中心词与根据标题相关确定的中心词不同，这也证明本研究提出的标题相关确定的中心概念不一定能与文本主题有密切联系的设想。

(四) 结果与分析

记录再认探测词的平均反应时间和错误率。删除偏离平均数 3 个标准差的反应时，这样的数据占全部数据的 3.57%。实验结果见表3-3。

表3-3　事件相关中心确定的目标词在不同陪衬词条件下的再认情况比较

陪衬词	中心词			边缘词		
	RT	SE	PE	RT	SE	PE
标题相关	910.10	241.20	2.9	1071.12	276.95	12.1
标题无关	865.28	241.30	2.1	1000.98	291.80	10.0

注：RT＝反应时（毫秒）；SE＝标准差；PE＝错误率（%）。

对表 3-3 反应时数据进行两因素重复测量的方差分析，结果表明，目标词类型主效应显著，$F_{1(1,27)} = 31.27$，$p<0.001$；$F_{2(1,9)} = 11.263$，$p<0.01$，中心目标词提取速度显著快于边缘目标词。陪衬词类型与目标词类型交互作用不显著，$F_{1(1,27)} = 0.34$，$p>0.05$；$F_{2(1,9)} = 3.54$，$p>0.05$。也就是说，无论陪衬词与标题相关还是与标题无关，中心目标词提取速度都显著快于边缘目标词。

对表 3-3 错误率数据进行两因素重复测量的方差分析，结果表明，目标词类型主效应显著，$F_{1(1,27)} = 14.84$，$p < 0.01$；$F_{2(1,9)} = 4.97$，$p = 0.053$，中心目标词错误率显著低于边缘目标词。陪衬词类型与目标词类型交互作用不显著，$F_{1(1,27)} = 0.114$，$p > 0.05$；$F_{2(1,9)} = 0.64$，$p > 0.05$。也就是说，无论陪衬词是与标题相关还是与标题无关，中心目标词再认错误率都显著低于边缘目标词。

以上结果与本研究的设想相符合，当采用事件相关来确定中心概念的情况下，即使在标题相关陪衬词干扰下，中心概念的通达也是快于边缘概念。可见，采用事件相关方式才能准确地确定文本的中心概念，也就是说，与文本事件高相关的概念，才真正是文本的中心概念。

由于本实验需要与 Rizzella & O'Brien（2002）的研究进行比较，因此，本实验采用了与 Rizzella & O'Brien（2002）的研究相同的方式即标题相关方式确定陪衬词。然而，如果采用事件相关的方式来确定陪衬词，那么，是否还会出现中心概念的通达优于边缘词的结果？为此，实验4准备采用事件相关的方式确定与文本主题有关或无关的陪衬词，以进一步检验实验3的结果。

二、事件相关和标题相关陪衬词干扰下脚本文本事件相关中心的概念通达

（一）研究目的

通过实验4考察事件相关的方式确定脚本文本中心概念与再认陪衬词，进一步探讨脚本文本中心概念的通达情况。

（二）研究方法

1. 被　试

华南师范大学 34 名本科生分别参加本实验。所有被试均裸视或矫正视力正常，母语为汉语，无阅读障碍。

2. 实验材料

实验材料与实验 3 相同，根据研究目的采用两种方式确定陪衬词：一种是采用事件相关的方式确定与主题相关的陪衬词（简称"事件相关陪衬词"），另一种是采用标题相关的方式确定与主题有关的陪衬词（简称"标题相关陪衬词"）。实验材料如下。

材料：以事件相关方式确定中心概念版本

1. 鲍布问吉尔是否愿意和他共进晚餐。吉尔说要查看一下时间安排看什么时间有空。鲍布说下次再给她打电话。鲍布打电话给她，*预约*了出去的日期和时间。他最后决定带她去一家新开的意大利饭店。鲍布停下车，然后他们走进饭店。他们刚刚进去，女老板迎接了他们。女老板说因为没有*预约*，现在他们要等 20 分钟，如果他们想等的话，她将尽可能快地安排好座位。他们说在酒吧里等。他们进了酒吧找到了一张桌子。在等座位时，他们要了饮料，谈起话来。15 分钟后，女老板招呼他们去座位处。他们随她去了餐桌。她给了他们菜单离开了。不久一位侍者来到餐桌，介绍这里的特色菜。他们点完菜后，侍者拿着点菜单离开了。一会儿，饮料和晚餐就端上来了，他们开始吃。在**进餐**时，侍者来看是否一切都满意。鲍布和吉尔点头回答是的。**进餐**后，他又问他们是否需要一些甜点。在等甜点时他们聊了很多。吃完甜点，他们觉得服务非常周到，留下了一笔可观的小费。他们付了账离开了饭店。他们上了车，开车去了吉尔的房子。鲍布走出车门和吉尔一起走到了门口。他们互道了晚安，鲍布回到车上开车回家。他想今晚过得不错，并且希望能很快再约吉尔出去。

再认词系列 1 （事件干扰）	再认词系列 2 （标题干扰）
美食	顾客
咀嚼	酒店
进餐（中心目标词）	进餐（中心目标词）
预约（边缘目标词）	预约（边缘目标词）
晚餐	小费

2. 汤姆决定去湖边。他下楼出了房门走进汽车棚，开了车门，坐进他的汽车。他**转动**钥匙，倒着把车从车棚里开出来。汤姆把车倒好后，沿着街道开去。突然，他感觉车往下一沉。他减慢车速，打开车的尾灯。汤姆在路边将车停住，关闭了汽车发动机。他下车，绕着汽车走了一遭，看发生了什么问题。汤姆发现后面的轮胎泄气了。他走到工具箱处，打开它，拿出千斤顶，放在泄气轮胎的旁边，准备**修车**。他把千斤顶放在汽车后面的车轴下面。当把它放在合适的位置，他开始**转动**把手，

把车抬了起来。汤姆觉得汽车抬得足够高了，就把它固定在那个位置。他撬开了轮胎中间的轮毂罩，用扳手松开螺丝帽。他拿掉了所有的螺丝帽。他使劲拖动轮胎使它从车轴上松下来。他到汽车后面把后备轮胎拿出来，把它斜靠在防护板上。他把坏掉的轮胎从车轴上拉下来，也斜靠在防护板上。然后，他拿过后备轮胎，把后备轮胎放在车轴上。汤姆把螺丝帽放回原处，把它们都拧紧。他把轮毂罩也放到原位。最后，他把汽车降到地面，把地上的**修车**工具都收起来。他把它们放回工具箱，盖上盖子。他走回汽车坐到司机的位置，把车挂上挡，慢慢地把车开起来。他再次向目的地进发。

再认词系列 1 （事件干扰）	再认词系列 2 （标题干扰）
转动（边缘词）	转动（边缘词）
维修	钳子
检查	扳手
修车（中心词）	修车（中心词）
故障	起重机

3. 苏姗正在准备一门**考试**。她觉得有些困了，所以她想为自己多**煮**些咖啡。她走出房门走进厨房。她走到火炉边的柜橱，打开它。苏姗拿出一个装咖啡过滤器的盒子，从里面拿出一个过滤器，把盒子放回柜橱里。她打开过滤器，把它上端折叠起来使它刚好可以放在咖啡壶里。然后她回房间拿她的杯子，回到厨房。苏姗用水把杯子洗干净、擦干。然后她把它放在咖啡

壶旁边。因为这是妈妈送给她的，所以是她最喜欢的杯子。她放了两茶匙糖在里面。她走到冰箱，拿出一盒咖啡，放了四勺在咖啡壶里。然后她盖上咖啡壶的盖子。她盖上咖啡盒的盖子，把它放回冰箱。苏姗拿了一个水罐儿，把它拿到水槽。她把水罐儿放入水槽，给它装满冷水。然后她走回到咖啡壶，把水倒进里面。然后，她用小勺在里面搅动了一下。她盖上咖啡壶的盖子。一切准备就绪，苏姗打开了咖啡壶的电源。当咖啡**煮**好了，苏姗端过壶给自己倒了一些咖啡。苏姗从冰箱里拿出一些牛奶倒入咖啡里。她用小勺搅动咖啡，直到咖啡和牛奶混合好。现在咖啡正合她的胃口。苏姗走回房间继续她的**考试**复习。

再认词系列 1 **（事件干扰）**	**再认词系列 2** **（标题干扰）**
沸腾	乳酪
考试（边缘词）	考试（边缘词）
煤气	碟子
炉子	饮料
煮（中心词）	煮（中心词）

4. 因为凯特要写一篇论文，所以周六她去了图书馆**借书**。这是她第一次去学校的图书馆，她不知道在哪儿可以找到她需要的资料。她从宿舍走到图书馆，从大门走进去，然后**询问**图书馆的管理员，她在哪里可以找到期刊索引。管理员指了指右边。她在那里找到了它，并开始寻找她所需要的期刊。当她抄完了她想要找的文章索引后，她又**询问**管理员期刊室在哪里。

她告诉凯特从楼梯上去到二层，然后向右转。她到了期刊室，取下装订成册的文章。她坐下来，浏览每一篇文章，她把有用的文章复印了。然后从楼梯下去，回到大厅去浏览分类卡。她按照科目寻找与她的研究有关的书。每张卡片都提供了书的名字、作者和电话号码。她记下了她认为有用的信息。然后凯特去找到了它们，坐在桌旁浏览，看看里面是否有对她有用的资料。她决定把它们都借出来，因此她走到借阅处。管理员让她拿出借阅证。管理员在上面做了记录，并告知凯特借阅期为两周。管理员把证件还给她，凯特向门口走去。她走出图书馆，向宿舍走回去。在回宿舍的路上，她想在图书馆*借书*并不像她原来想象的那么困难。

再认词系列 1 （事件干扰）	再认词系列 2 （标题干扰）
书架	报纸
借书（中心词）	借书（中心词）
还书	卷
索引	资料
询问（边缘词）	询问（边缘词）

5. 乔治感觉不舒服已经三个星期了，因此他打电话到医院的门诊室。电话铃响了几声后，一个接待员接了电话，她让乔治等一下。最后，一个护士接过电话，问他有什么需要。乔治说了自己的姓名和症状。护士和医生商量了一下，看是要乔治来*看病*还是仅去药店买一些对症的药。她告诉乔治他需要预约

一个时间来医院**看病**。乔治问什么时间可以预约，护士说当天和第二天都可以。他说马上去。乔治挂上电话，坐进他的汽车，开车去了医生的办公室。乔治提前15分钟到，他**填写**了接待员要求他**填写**的病人的表格。然后，他坐下等叫他的名字。当他被叫到后，他把正在看的杂志放回桌子，跟随医生去了检查室。医生指着体重计，让乔治站在它上面，医生记下他的体重。然后他量了乔治的体温。接下来医生量了他的血压。乔治脱下衣服，穿上防辐射服的时候，医生离开房间。在他穿好衣服后，医生回到房间。他又对乔治的肺部进行检查，又检查了他的鼻子、喉咙。医生给他诊断为扁桃体发炎。他给乔治开了一些抗生素药，并告诉他卧床休息几天。离开之前，他告诉乔治到接待员那里去交医药费。乔治穿好衣服，走到接待员那里，交了医药费，然后回家休息。

再认词系列 1 （事件干扰）	再认词系列 2 （标题干扰）
看病（中心词）	看病（中心词）
挂号	护理
填写（边缘词）	填写（边缘词）
打针	手术
买药	医生

6. 晚饭后玛丽开始清扫桌子。她把盘子里的食物倒进垃圾桶。然后，她去洗盘子，她先把下水道的塞子塞在洗涤槽中的下水道口。她打开热水开关，把手放在里面，试一下是不是太

热。在洗涤槽里的水充了一半的时候，她从洗涤槽下面拿出洗洁精。她很快倒了一些洗洁精在里面。她把盘子放在水里泡着，她**离开**这里，去擦桌子。然后她开始洗杯子。玛丽洗干净所有的杯子，把它们放到架子上晾着。接着她洗了盘子，把每一个都**冲洗**了，然后把它们放到架子上。玛丽又洗了叉子，把它都**冲洗**了一遍。她把它们都放到架子上。玛丽最后洗的是平底锅。平底锅的一些地方有烤焦了的东西留在上面，因此她必须用清洁球才能把它们清除掉。洗完平底锅后，她把它们放到了架子上。玛丽把塞子从下水道口拿开。当洗涤槽排放完后，她从上到下把它擦干净。她从碗橱里拿出一条擦碗的毛巾，用它擦盘子。在用毛巾把盘子都擦干后，她把它放回碗橱，玛丽把杯子和盘子放进碗橱。然后把叉子放到抽屉里。最后，她把平底锅放到火炉下的抽屉里，把其他东西放入碗橱。她关上灯，**离开**厨房。

再认词系列1 （事件干扰）	再认词系列2 （标题干扰）
离开（边缘词）	离开（边缘词）
洗涤	龙头
冲洗（中心词）	冲洗（中心词）
污渍	河流
洗刷	口渴

7. 皮特和简已经在他们这个房子住了2年了，他们决定重新**粉刷**客厅。他们去商店挑选涂料，他们从颜色盒中选中一个颜色，然后告诉店员他们想要涂料颜色的号码。店员从仓库里

拿出涂料，帮他们调好。他们付了款，拿回家。回到家后，他们开始准备**粉刷**客厅。他们把所有能移动的家具都**搬运**出去。对于不能**搬运**出去的家具，他们找来废弃的报纸，将它们铺在家具上面。他们把报纸也铺到客厅的地毯上。首先，他们用石膏填上墙上所有的洞，刮掉松动的涂料，用砂纸把粗糙的地方打磨光滑。皮特在滚筒上蘸了一些涂料。把涂料蘸到滚筒上之后，他爬上梯子，开始刷天花板。同时，简拿过刷子，开始刷其中的一面墙。她把刷子在涂料里蘸了蘸，以便不使它浸很多涂料。她小心地上下刷墙壁。简把它递给皮特，让他刷天花板和墙之间的缝隙。当他刷完天花板，他开始刷其他的墙面。当皮特在刷最后一面墙的时候，简用温水和肥皂把刷子洗干净、晾干。皮特全部刷完后，他盖上涂料桶的盖子，出去把滚筒洗干净。墙面干了以后，他们把家具移回房间。然后，他们换下衣服，到焕然一新的客厅里去休息。

再认词系列1 （事件干扰）	再认词系列2 （标题干扰）
粉刷（中心词）	粉刷（中心词）
搬运（边缘词）	搬运（边缘词）
装修	桶
涂料	温水
修葺	工具

8. 约翰想，今天天气适合**烧烤**。在回家的路上，他到超市买了一些食品。到家后，他把食品袋放到桌子上。他从袋子里

拿出一瓶专门用来**烧烤**的酱汁和一包真空包装的牛排。约翰打开它，取出牛排，把牛排放在砧板上。约翰打开酱汁的瓶子，在牛排的两面擦了一些。然后他把牛排和一个大叉子放到一个大浅盘里，把它端到院子里。院子里有一个两边有木质平台的烤肉架。约翰走到烤肉架，把浅盘放到平台上。然后他打开烤肉架的盖子，拿出铁格子到外面的水龙头那里。约翰打开水龙头，他抓着水管冲洗它。然后他把水关上，放下水管，把铁格子放回烤肉架。放好后，约翰蹲下打开煤气。他很快**点燃**一根火柴，丢进烤肉架里。煤气**点燃**了，小火苗引燃了下面的木炭。约翰把牛排叉在叉子上，放在铁格子上面。牛排上的油滴下来，火苗开始摇曳。过了一段时间，约翰把牛排翻过来烤。约翰关上烤肉架的盖子，让烟熏牛排。当他觉得时间合适了，约翰打开盖子。一股烟从烤肉架上升起来。现在的牛排刚好合适他的胃口。约翰抓住叉子，取下牛排把它放入浅盘。然后他关上煤气，盖上烤肉架的盖子。他端着浅盘走进厨房，开始吃。

再认词系列 1 （事件干扰）	再认词系列 2 （标题干扰）
烤热	铁丝
烧烤（中心词）	烧烤（中心词）
熏	叉子
烧火	蜜糖
点燃（边缘词）	点燃（边缘词）

9. 丹是一名大四的学生，想进一步学习深造。他和他的

辅导员约定了一个时间见面。在约定的那天，丹到了系里，见到了他的辅导员。丹坐下后，他告诉辅导员他在考虑几所学校。丹的辅导员问了他一些关于它们的问题，比如所开的科目、地理位置和大小。丹一一列举出所有他考虑的那些学校。辅导员给了他两个目录，里面包括他所提到的学校的简介和地址。丹拜访过辅导员后，他回来写信查找有关的信息。后来他收到一些宣传册子和申请表。在看过这些资料后，丹缩小了他想**申请**的范围。他向确定的学校都提交了**申请**。丹问他的一些老师可否给他写推荐信。他们都同意了，丹非常感谢他们。他告诉他们要在月底前要把这些信寄出去。丹的老师保证在那时会准备好的。接着丹去了行政办公室，请求把他的成绩单寄出。办公室的人员说他们会在这周末把它寄出。丹谢过他们，然后离开那里。丹获准参加入学考试。临考那天，丹带着准考证和2B铅笔到了考场。在听到监考人员的**宣布**开始指令后，他开始做题。他尽可能地既快又准确地做，直到最后。监考人员**宣布**考试结束，丹交上卷子，然后回家。丹希望结果是不错的，也非常担忧。现在能做的只能是等成绩和录取通知书。

再认词系列1 （事件干扰）	再认词系列2 （标题干扰）
获准	老师
面试	课室
宣布（边缘词）	宣布（边缘词）
申请（中心词）	申请（中心词）
填表	校园

10. 闹铃响了。詹妮翻过身，把它关上。6分钟过后，闹铃又响了。詹妮又把它关掉了。在闹铃第三次响的时候，詹妮起身，又把它关掉了。她睡得是那样的舒服，以至她不想**起床**。但是，她不得不**起床**。起来后，她把上面的被子先叠起来，接着把毯子也叠起来。最后，她把枕头放到合适的位置。妈妈在楼下叫她快点，要不然上学就迟到了。詹妮告诉妈妈她已经起来了，收拾好就下楼。她揉着惺忪的眼睛走进浴室。詹妮打开淋浴让它慢慢升温。她脱下睡衣，走到淋浴下。在淋浴后和洗过头发后，她走出淋浴，抓过一条毛巾，把身体擦干。她走进房间，走到衣橱那里。詹妮打开它。最后，她选择了一件衬衫和一条裙子。她从衣架上拿下衣服，脱下浴衣。她很快穿上衬衫和裙子。她离开衣橱，回到浴室把东西收拾好。在浴室收拾好以后，她穿上鞋子下楼。她坐在桌旁，*浏览*晨报的第一版。妈妈给她端过早餐。詹妮边吃饭边*浏览*晨报的新闻。吃过饭，她谢过妈妈，起身把盘子端到水槽里。她从桌子上拿起书本和午餐，走出家门。

再认词系列 1 （事件干扰）	再认词系列 2 （标题干扰）
睡觉	卧室
浏览（边缘词）	浏览（边缘词）
梳头	蚊帐
起床（中心词）	起床（中心词）
洗脸	钟表

3. 设计与程序

采用 2×2 被试内材料内设计。有两个自变量：一个是目标词类型，分中心目标词和边缘目标词两种水平；另一个是陪衬词类型，分为标题相关陪衬词与事件相关陪衬词两种水平。因变量是再认目标词的反应时间与正确率。

实验程序与实验 1 相同。

（三）评定实验

评定实验目的是确定不同类型的陪衬词。60 名学生参加，随机分为两组，每组 30 人。评定开始，每人发给一份材料，上面有正式实验材料 10 篇文本，要求第一组被试从给出的 10 个词（有些在文本中出现过）中选出与文本中心事件相关最密切的 5 个词，要求第二组被试从给出的 10 个词（有些在文本中出现过）中选出与文本标题相关最密切的 5 个词。对选出的词的频次进行统计，每篇文本分别选出 3 个频次最高的事件相关陪衬词与 3 个频次最高的标题相关陪衬词。所选出来的事件相关陪衬词平均频次为 86%，所选出来的标题相关陪衬词平均频次为 84.3%，差异不显著。

（四）结果与分析

记录再认探测词的平均反应时间和错误率。删除偏离平均数 3 个标准差的反应时数据，这样的数据占全部数据的 6.67%。实验结果见表 3-4。

表3-4　不同文本中心方式确定的陪衬词对目标词再认的影响

陪衬词	中心词			边缘词		
	RT	SE	PE	RT	SE	PE
事件相关	829.07	171.73	4.2	949.40	228.68	15.2
标题相关	865.31	164.45	2.4	980.05	234.38	11.5

注：RT＝反应时（毫秒）；SE＝标准差；PE＝错误率（%）。

对表3-4反应时数据进行两因素重复测量的方差分析，结果表明，目标词类型主效应显著，$F_{1(1,32)} = 31.46$，$p < 0.001$；$F_{2(1,9)} = 14.03$，$p < 0.01$，中心目标词提取速度显著快于边缘目标词。陪衬词类型与中心词类型交互作用不显著，$F_{1(1,32)} = 0.021$，$p > 0.05$；$F_{2(1,9)} = 0.02$，$p > 0.05$。可见，无论事件相关陪衬词条件下还是标题相关陪衬词条件下，中心目标词提取速度都显著快于边缘目标词。

对表3-4错误率数据进行两因素重复测量的方差分析，结果表明，目标词类型主效应显著，$F_{1(1,32)} = 26.4$，$p < 0.001$；$F_{2(1,9)} = 5.48$，$p < 0.05$，中心目标词错误率低于边缘目标词，差异非常显著。陪衬词类型与中心词类型交互作用不显著，$F_{1(1,32)} = 0.21$，$p > 0.05$；$F_{2(1,9)} = 1.32$，$p > 0.05$。

上述结果表明，在采用事件相关方式确定陪衬词条件下，中心目标词的通达时间仍然显著短于边缘目标词，同时前者的错误率也显著低于后者，进一步维持了实验3的结果与结论。

实验3和实验4结果表明，以事件相关方式确定的中心概念，即使在事件相关陪衬词干扰下，中心目标词通达速度仍然显著优于边缘目标词，由此可见，事件相关方式能更有效地确定文本中心概念。

Rizzella & O'Brien（2002）研究中采用词频相关的确定方式来确定中心概念，也得出在各种条件下词频相关方式确定的中心目标词通达效果要优于边缘目标词的结果。然而，笔者认为，这个结果可能只是一般记忆规律的体现，而不能说明词频相关方式可以准确地确定中心概念。实验5和实验6准备对词频相关确定的中心概念与事件相关确定的中心概念的通达情况进行比较，从而对上述设想做出检验。

第三节 脚本文本事件相关和词频相关中心的概念通达比较

一、事件相关和词频相关中心确定方式下的概念通达

（一）研究目的

通过实验5比较采用事件相关和词频相关两种方式确定的中心概念与边缘概念的通达情况，探讨哪种方式能更准确地确定脚本文本的中心概念。

（二）研究方法

1. 被 试

华南师范大学33名本科生参加实验，所有被试均裸视或矫

正视力正常，母语为汉语，无阅读障碍。

2. 实验材料

采用实验 3 相同的 10 篇正式文本材料，为了防止陪衬词对不同中心确定方式的干扰不同，再认系列中的陪衬词都与主题无关。根据研究目的采用两种方式确定中心概念；一类是采用事件相关的方式确定中心概念与边缘概念（简称"事件相关中心词"与"事件相关边缘词"）；另一类是采用词频相关的方式确定中心概念与边缘概念（简称"词频相关中心词"与"词频相关边缘词"）。在同一个文本中，用事件相关方式确定的中心词与边缘词恰好是用词频相关方式确定的边缘词与中心词，或者反过来说，用词频相关方式确定的中心词与边缘词恰好是用事件相关方式确定的边缘词与中心词。

以下面实验材料中第一篇脚本文本为例，通过评定实验，"进餐"一词与事件相关平均得分为 4.71，而"预约"一词与事件相关平均得分为 2.67，差异非常显著；但"进餐"一词在文本中只出现 2 次；而"预约"一词在文本中出现 4 次。这样，如果以事件相关确定中心概念，那么，"进餐"是中心目标词，"预约"是边缘目标词；反之，如果以词频相关确定中心概念，那么"进餐"则成为边缘目标词，而"预约"成为中心目标词。其他文本再认词系列的确定与构成也是如此。实验材料如下。

材料：以事件相关方式和词频相关方式确定中心概念版本

1. 鲍布问吉尔是否愿意和他共进晚餐。吉尔说要查看一下时间安排看什么时间有空。鲍布说下次再给她打电话。鲍布打电话给她，**预约**了出去的日期和时间。他最后决定带她去一家新开的意大利饭店。鲍布停下车，他们走进饭店。刚进去，女老板迎接了他们。女老板说因为没有**预约**，他们要等 20 分钟，如果他们想等的话，她将尽可能快地安排好座位。他们说在酒吧里等。他们进了酒吧找到了一张桌子。在等座位时，他们要了饮料，谈起话来。15 分钟后，女老板招呼他们去餐厅。他们随她去了餐桌，她给了他们菜单离开了。不久一位侍者来到餐桌，介绍这里的特色菜。他们点完菜，侍者拿着点菜单离开了。一会儿，饮料和晚餐就端上来了，他们开始吃。在**进餐**时，侍者来看是否一切都满意。鲍布和吉尔点头回答是的。**进餐**后，他又问他们是否需要一些甜点。吃完甜点，他们觉得服务非常周到，留下了一笔可观的小费。付账时，女老板提醒他们下次光顾时提前**预约**。付账后，他们离开了饭店，开车去了吉尔的房子。鲍布送吉尔走到门口。鲍布说过几天再约吉尔，吉尔让他提前**预约**。他们互道了晚安，鲍布回到车上开车回家。

事件相关方式再认词系列	词频相关方式再认词系列
钟表（陪衬词）	钟表（陪衬词）
教师（陪衬词）	教师（陪衬词）
进餐（中心目标词）	进餐（边缘目标词）
预约（边缘目标词）	预约（中心目标词）
桌子（陪衬词）	桌子（陪衬词）

2. *汤姆决定去湖边。他下楼出了房门走进汽车棚，开了车*

门，坐进他的汽车。他**转动**钥匙，倒着把车从车棚里开出来。汤姆把车倒好后，沿着街道开去。突然，他感觉车往下一沉。他减慢车速，打开车的尾灯。汤姆在路边将车停住，关闭了汽车发动机。他下车，绕着汽车走了一遭，看发生了什么问题。汤姆发现后面的轮胎泄气了。他走到工具箱处，打开它，拿出千斤顶，放在泄气轮胎的旁边，准备**修车**。他把千斤顶放在汽车后面的车轴下面。当把它放在合适的位置，他开始**转动**把手，把车抬了起来。汤姆觉得汽车抬得足够高了，就把它固定在那个位置。他撬开了轮胎中间的轮毂罩，用扳手松开螺丝帽。他拿掉了所有的螺丝帽。他使劲**转动**轮胎使它从车轴上松下来。他到汽车后面把后备轮胎拿出来，把它斜靠在防护板上。他把坏掉的轮胎从车轴上拉下来。然后，他拿过后备轮胎，把它装在车轴上。汤姆把螺丝帽放回原处，把它们都拧紧。他把轮毂罩也放到原位。最后，他**转动**千斤顶的把手把汽车降到地面，把地上的**修车**工具都收起来，把它们放回工具箱，盖上盖子。他走回汽车坐到司机的位置，把车挂上挡，慢慢地把车开起来。他再次向目的地进发。

事件相关方式再认词系列	词频相关方式再认词系列
转动（边缘词）	转动（中心词）
天气	天气
窗帘	窗帘
修车（中心词）	修车（边缘词）
手机	手机

3. 苏姗正在准备一门**考试**。她觉得有些困了，所以她想为自己多**煮**些咖啡，**考试**之前总是她喝咖啡比较多的时候。她走出房门走进厨房。她走到火炉边的柜橱，打开它。苏姗拿出一个装咖啡过滤器的盒子，从里面拿出一个过滤器，把盒子放回柜橱里。她打开过滤器，把它上端折叠起来使它刚好可以放在咖啡壶里。然后她回房间拿她的杯子，回到厨房。苏姗用水把它洗干净，擦干。然后她把它放在咖啡壶旁边。她放了两茶匙糖在里面。她走到冰箱，拿出一盒咖啡，放了四勺在咖啡壶里。然后她盖上咖啡盒的盖子，把它放回冰箱。苏姗拿了一个水罐儿，把它拿到水槽。她把水罐儿放入水槽，给它装满冷水。然后她走回到咖啡壶，把水倒进里面。然后，她用小勺在里面搅动了一下，盖上咖啡壶的盖子。一切准备就绪，苏姗打开了咖啡壶的电源。当咖啡**煮**好了，苏姗端过壶给自己倒了一些咖啡。她从冰箱里拿出一些牛奶倒入咖啡里。她用小勺搅动咖啡，直到咖啡和牛奶混合好。现在咖啡正合她的胃口。苏姗想到后天就要**考试**了，她立刻走回房间继续她的**考试**复习。

事件相关方式再认词系列	词频相关方式再认词系列
花朵	花朵
考试（边缘词）	考试（中心词）
网络	网络
书画	书画
煮（中心词）	煮（边缘词）

4. 凯特因为要写一篇论文，所以周六她去了图书馆**借书**。

这是她第一次去学校的图书馆，她不知道在哪儿可以找到她需要的资料，不过她想可以找人*询问*。她从宿舍走到图书馆，从大门走进去，然后*询问*图书馆的管理员，她在哪里可以找到期刊索引。管理员指了指右边。她在那里找到了它，并开始寻找她所需要的期刊。当她抄完了她想要用的文章的索引后，她又*询问*管理员期刊室在哪里。她告诉凯特从楼梯上去到二层，然后向右转。她到了期刊室，取下装订成册的期刊。她坐下来，浏览每一篇文章，她把有用的文章复印了。然后从楼梯下去，回到大厅去浏览分类卡。她按照科目寻找与她的研究有关的书。每张卡片都提供了书的名字、作者和电话号码。她记下了她要查找的书的资料。然后凯特找到那些书，坐在桌旁浏览，看看里面是否有对她有用的资料。她决定把它们都借出来，因此她走到借阅处。管理员让她拿出借阅证。管理员在借书证上记下了日期。凯特*询问*可以借多久，被告知借阅期为两周。管理员把证件还给她，凯特向门口走去。她走出图书馆，向宿舍走回去。在回宿舍的路上，她想在图书馆*借书*并不像她原来想象的那么困难。

事件相关方式再认词系列	词频相关方式再认词系列
茶杯	茶杯
借书（中心词）	借书（边缘词）
花瓶	花瓶
日期	日期
询问（边缘词）	询问（中心词）

5. 乔治感觉不舒服已经三个星期了，因此他打电话到医院的门诊室。电话铃响了几声后，一个接待员接了电话，她让乔治等一下。后来，一个护士接过电话，问他有什么需要。乔治说了自己的姓名和症状。护士和医生商量了一下，看是要乔治来**看病**还是仅去药店买一些对症的药。她告诉乔治他需要预约一个时间来医院**看病**。乔治问什么时间可以预约，护士说当天和第二天都可以，他说马上去。乔治挂上电话，坐进他的汽车，开车去了医生的办公室。乔治提前15分钟到，他**填写**了接待员要求他**填写**的病人的表格。然后，他坐下等叫他的名字。当他被叫到后，他把正在看的杂志放回桌子，跟随医生去了检查室。他指着体重计，让乔治站在它上面。医生在记录表上**填写**了他的体重，然后他量了乔治的体温。接下来医生量了他的血压，又对乔治进行肺部检查，又检查了他的鼻子、喉咙。医生给他诊断为扁桃体发炎。他给乔治开了一些抗生素药并告诉他卧床休息几天。离开之前，他告诉乔治到接待员那里去交医药费。乔治走到接待员那里，交了医药费，**填写**完保险表，然后回家休息。

事件相关方式再认词系列	词频相关方式再认词系列
看病（中心词）	看病（边缘词）
小鸟	小鸟
填写（边缘词）	填写（中心词）
阳光	阳光
杂志	杂志

6. 晚饭后玛丽开始清扫桌子。她把盘子里的食物倒进垃圾桶。她**离开**房子，把垃圾袋丢入垃圾箱。然后，她回到厨房去洗盘子，她先把下水道的塞子塞在洗涤槽中的下水道口。她打开热水开关，把手放在里面，试一下水是不是太热。在洗涤槽里水充了一半的时候，她从洗涤槽下面拿出洗洁精。她很快倒了一些洗洁精在里面。她把盘子放在水里泡着，她**离开**这里，去擦桌子。擦完桌子，她开始洗杯子。玛丽洗干净所有的杯子，把它们放到架子上晾着。接着她洗了盘子，把每一个都**冲洗**了，然后把它们放到架子上。玛丽又洗了叉子，把它们**冲洗**干净，放到架子上。玛丽最后洗的是平底锅。平底锅的一些地方有烤焦了的东西留在上面，因此她必须用清洁球才能让它们**离开**锅底。洗完平底锅后，把它放到了架子上。玛丽把塞子从下水道口拿开。当洗涤槽排放完水后，她从上到下把它擦干净。她从碗橱里拿出一条擦碗的毛巾，用它擦盘子。在用毛巾把盘子都擦干后，她把它放回碗橱。玛丽把杯子和盘子放进碗橱，然后把叉子放到抽屉里。最后，她把平底锅放到火炉下的抽屉里，把其他东西放入碗橱。她关上灯，**离开**厨房。

事件相关方式再认词系列	词频相关方式再认词系列
离开（边缘词）	离开（中心词）
小狗	小狗
冲洗（中心词）	冲洗（边缘词）
线团	线团
手表	手表

7. 皮特和简已经在他们这个房子住了 2 年了，他们决定重新**粉刷**客厅。他们去商店挑选涂料，他们从颜色盒中选中一个颜色，然后告诉店员他们想要涂料颜色的号码。店员从仓库里拿出涂料，帮他们调好。他们付了款，把涂料**搬运**回家。回到家后，他们开始准备**粉刷**客厅。他们把所有能移动的家具都**搬运**出去。对于不能**搬运**出去的家具，他们找来废弃的报纸，将它们铺在家具上面。他们把报纸也铺到客厅的地毯上。首先，他们用石膏填上墙上所有的洞，刮掉松动的涂料，用砂纸把粗糙的地方打磨光滑。皮特在滚筒上蘸了一些涂料。把涂料蘸到滚筒上之后，他爬上梯子，开始刷天花板。同时，简拿过刷子，开始刷其中的一面墙。她把刷子在涂料里蘸了蘸，以便不要浸太多涂料。她小心地上下刷墙壁。简把它递给皮特，让他刷天花板和墙之间的缝隙。当他刷完天花板，他开始刷其他的墙面。当皮特在刷最后一面墙的时候，简用温水和肥皂把刷子洗干净，晾干。皮特全部刷完后，他盖上涂料桶的盖子，出去把滚筒洗干净。墙面干了以后，他们把家具**搬运**回房间。然后，他们换下衣服，到焕然一新的客厅里去休息。

事件相关方式再认词系列	词频相关方式再认词系列
粉刷（中心词）	粉刷（边缘词）
搬运（边缘词）	搬运（中心词）
曲别针	曲别针
商店	商店
钥匙	钥匙

8. 约翰想，今天天气适合*烧烤*。在回家的路上，他到超市买了一些食品。到家后，他把食品袋放到桌子上。他从袋子里拿出一瓶专门用来*烧烤*的酱汁和一包真空包装的牛排。约翰打开它，取出牛排，把牛排放在砧板上。约翰打开酱汁的瓶子，在牛排的两面擦了一些。然后他把牛排和一个大叉子放到一个大浅盘里，把它端到院子里。院子里有一个两边有木质平台的烤肉架。约翰走到烤肉架，把浅盘放到平台上。然后他打开烤肉架的盖子，拿出铁格子到外面的水龙头那里。约翰打开水龙头，他抓着水管冲洗它。然后他把水关上，放下水管，把它放回烤肉架。放好后，约翰蹲下打开煤气。他很快**点燃**一根火柴，丢进烤肉架里。煤气**点燃**了，小火苗**点燃**了下面的木炭。约翰把牛排叉在叉子上，放在铁格子上面。牛排上的油滴下来，火苗开始摇曳。过了一段时间，约翰把牛排翻过来烤。约翰关上烤肉架的盖子，让烟熏牛排。当他觉得时间合适了，约翰打开盖子。一股烟从烤肉架上升起来。现在的牛排刚好合适他的胃口。约翰抓住叉子，取下牛排把它放入浅盘。然后他关上煤气，盖上烤肉架的盖子。他端着浅盘走进厨房。在**点燃**厨房的火炉后，他开始吃。

事件相关方式再认词系列   **词频相关方式再认词系列**

事件相关方式再认词系列	词频相关方式再认词系列
台灯	台灯
烧烤（中心词）	烧烤（边缘词）
超市	超市

鞋子　　　　　　　　　　　鞋子

点燃（边缘词）　　　　　　点燃（中心词）

9. 丹是一名大四的学生，想进一步学习深造。他和辅导员约定了时间见面。在约定的那天，丹到了系里，见到了辅导员。丹坐下后，他告诉辅导员他在考虑几所学校。辅导员问了他一些关于学校的问题，比如所开的科目、地理位置和大小。丹列举出他考虑的那些学校。辅导员给了他两本书，里面包括他所提到的学校的简介和地址。在丹拜访过辅导员后，他回来给学校写信索取有关的信息。后来他收到一些宣传册子和申请表。在看过这些资料后，丹缩小了他想**申请**的范围。他向确定的学校都提交了**申请**。丹又请一些老师给他写推荐信。他们都同意了，丹非常感谢他们。接着丹去了行政办公室，请求把他的成绩单寄出。办公室的人员说他们会在这周末把它寄出。丹谢过他们，然后离开那里。过了几天，申请的学校**宣布**丹获准参加入学考试。考试那天，丹带着准考证和2B铅笔到了考场。在听到监考人员**宣布**开始的指令后，他开始做题。他尽可能既快又准确地做题。监考人员**宣布**考试结束，丹交上卷子，然后回家。丹希望结果是不错的，也非常担忧。现在能做的只能是等成绩**宣布**。

事件相关方式再认词系列　　**词频相关方式再认词系列**

目录　　　　　　　　　　　　目录

池塘　　　　　　　　　　　　池塘

宣布（边缘词）	宣布（中心词）
申请（中心词）	申请（边缘词）
笔筒	笔筒

10. 闹铃响了。詹妮翻过身，把它关上。6分钟过后，闹铃又响了。詹妮又把它关掉了。在闹铃第三次响的时候，詹妮起身，又把它关掉了。她睡得是那样的舒服，以至她不想**起床**。但是，她不得不**起床**。起来后，她把被子先叠起来，接着把毯子也叠起来。最后，她把枕头放到合适的位置。妈妈在楼下叫她快点，要不然上学就迟到了。詹妮告诉妈妈她已经起来了，收拾好就下楼。她揉着惺忪的眼睛走进浴室。詹妮打开淋浴让它慢慢升温。她脱下睡衣，走到淋浴下。在淋浴和洗过头发后，她走出淋浴，抓过一条毛巾，把身体擦干。她走进房间，走到衣橱那里。詹妮打开它，*浏览*所有的衣服考虑穿哪一件。最后，她选择了一件衬衫和一条裙子。她从衣架上拿下衣服，脱下浴衣。她很快穿上衬衫和裙子。她离开衣橱，回到浴室把东西收拾好。收拾完浴室后，她*浏览*房间，确定房间已经比较整洁，她穿上鞋子下楼。她坐在桌旁，*浏览*晨报的第一版。妈妈给她端过早餐。詹妮边吃饭边*浏览*晨报的新闻。吃过饭，她谢过妈妈，起身把盘子端到水槽里。她从桌子上拿起书本和午餐，走出家门。

事件相关方式再认词系列	**词频相关方式再认词系列**
冰箱	冰箱
浏览（边缘词）	浏览（中心词）

雪花　　　　　　　　　　雪花

起床（中心词）　　　　　起床（边缘词）

伞　　　　　　　　　　　伞

3. 设计与程序

采用2×2被试内材料内设计。有两个自变量，一个是中心词确定方式，有两个水平：事件相关方式和词频相关方式；另一个自变量是目标词类型，也有两个水平：中心目标词和边缘目标词。因变量是再认目标词的反应时间与正确率。

实验程序与实验1相同。

(三) 评定实验

评定实验的目标是以事件相关的方式确定中心概念与边缘概念，58名大学生参与。做法与实验1基本相同。向每个学生呈现正式实验的10篇脚本文本的小册子，每篇包括两页，第一页是文本正文，第二页呈现6个文本中提及2次的词，要求被试根据该词与文本事件的关系进行评定，这6个词之中，3个估计是与文本事件有密切关系的词，3个估计是与文本事件关系不密切的词，根据被试评定结果，每篇文本选出评价等级相差最大的两个词作为该文本再认部分的目标词，等级最高的作为中心词，等级最低的作为边缘词。根据评定结果区分出来的中心词的平均等级为是6.28，边缘词为3.46，差异非常显著，$t_{(9)} =$ 21.98，$p<0.001$。然后对文本略作修改，将边缘词在文本中的阐述次数增加到4次。

（四）结果与分析

记录再认探测词的平均反应时间和错误率。删除偏离平均数 3 个标准差的反应时，这样的数据占全部数据的 3.91%。实验结果见表 3-5。

表 3-5　不同文本中心方式确定的目标词通达情况比较

中心确定方式	中心词			边缘词		
	RT	SE	PE	RT	SE	PE
事件相关	674.70	69.53	0.9	760.39	94.21	2.4
词频相关	760.39	94.21	2.4	674.70	69.53	0.9

注：RT=反应时（毫秒）；SE=标准差；PE=错误率（%）。

表 3-5 实际上是对称的数据，根据本实验的设计，在同一个文本中，用事件相关方式确定的中心词与边缘词恰好是用词频相关方式确定的边缘词与中心词，按照这个设计逻辑，表 3-5 的数据中，哪一种确定方式所确定的中心目标词通达优于边缘目标词，则表明采用这种确定方式更能准确地确定中心概念。对表 3-5 反应时数据进行两因素重复测量的方差分析，结果表明，确定方式与目标词类型被试检验交互作用非常显著，$F_{1(1,32)} = 57.66$，$p < 0.001$；$F_{2(1,9)} = 2.89$，$p = 0.12$。简单效应分析表明，事件相关方式确定的中心目标词通达时间快于用词频相关确定的中心目标词，被试检验差异非常显著：$F_{1(1,32)} = -7.59$，$p < 0.001$；$F_{2(1,9)} = -1.79$，$p = 0.12$，由此可见，事件相关确定方式更能准确地确定中心概念。

同样，对表 3-5 错误率数据进行两因素重复测量的方差分析，结果表明：确定方式与目标词类型交互作用不显著，$F_{1(1,32)} = 1.33$，$p = 0.26$；$F_{2(1,9)} = 2.25$，$p = 0.17$。虽然在错误率上没有出现统计意义上的显著差异，但是，从实际数据来看，事件相关方式确定的中心目标词再认错误率还是低于用词频相关确定的中心目标词。这个结果至少说明，事件相关方式中心目标词通达时间上的优势不是以牺牲准确率为代价的。

根据本实验结果可以认为，确定脚本文本中心概念的最恰当方式应该是事件相关，而不是词频相关。以往的研究包括 Rizzella & O'Brien（2002）研究采用词频相关的方式决定中心概念，得出高频词比低频词通达效果好的结果，可能只是一般的记忆规律的体现，而不是反映文本阅读的特点。

然而，如果采用事件相关方式决定的中心概念，其通达是否还会受词频的影响？下面实验 6 进一步探讨这一问题。

二、词频对事件相关中心概念通达效果的影响

（一）研究目的

通过实验 6 考察在采用事件相关方式确定中心概念的条件下，词频对中心概念通达的影响。

（二）研究方法

1. 被 试

华南师范大学 26 名本科生参加本实验，所有被试均裸视或

矫正视力正常，母语为汉语，无阅读障碍。

2. 实验材料

采用实验 3 正式材料的 10 篇文本。每篇文本采用事件相关确定两个同等相关程度的中心概念，其中 1 个在文本中提及 6 次（2 明 4 暗），称为高频中心词；另一个只提及 2 次，都是明提，称为低频中心词。再认陪衬词均使用标题相关的陪衬词。实验材料如下。

材料：以事件相关方式确定中心概念版本

1. 鲍布问吉尔是否愿意和他共进晚餐。吉尔说她要查看一下时间安排，看什么时间有空。鲍布同意了，并说下次给她打电话。鲍布打电话给她，定下了约会的日期和时间。最后他决定带她去一家新开的意大利餐馆。鲍布停下车，然后他们走进饭店。当他们进去时，**女老板**迎接了他们，说要等 20 分钟，但如果他们想等的话，将尽可能最快安排好座位。他们说他们在酒吧里等。他们进了酒吧找到了一张桌子。在等座位时，他们要了饮料，谈起话来。15 分钟后，**女老板**来了招呼他们去餐厅。他们去了餐厅。不久一位**侍者**来到餐桌，**他**告诉他们这里的特色菜和自助餐，并给他们倒好水，拿着点菜单离开了。过了一会，**他**端来了沙拉并问他们是否喝点别的饮料。很快**他**又拿回饮料和晚餐，鲍布和吉尔开始吃饭。在进餐时，**他**来看是否一切都满意。鲍布和吉尔点头回答是的。他们吃完饭后，**侍者**问他们是否需要一些甜点。在等甜点时他们谈了很多。当他们吃完甜点后，结账时他们为周到的服务留下了一笔可观的小费。

他们付了账离开了饭店，然后驱车回家。

再认词系列

饭菜（陪衬词）

厨师（陪衬词）

侍者（高频中心目标词）

女老板（低频中心目标词）

小费（陪衬词）

2. 汤姆决定去湖边。他下楼出了房门走进汽车棚，开了车门，坐进他的汽车。他转动钥匙，倒着把车从车棚里开出来。汤姆把车倒好后，沿着街道开去。突然，他感觉汽车往下一沉。他减慢车速，打开尾灯。汤姆在路边将车停住，关闭了发动机。他下车，绕车走了一圈，看发生了什么问题。汤姆发现车后面的轮胎泄气了。他打开工具箱，拿出**千斤顶**，他把**它**放在泄气轮胎的旁边。他把**千斤顶**放在汽车后面的车轴下面，把**它**放在合适的位置后，开始转动把手，把车抬了起来。汤姆觉得**它**把汽车抬得足够高了，就把**它**固定在那个位置。他撬开了轮毂罩，用**扳手**松开螺丝帽。他拿掉了所有的螺丝帽。他使劲拖动轮胎使**它**从车轴上松下来。他到汽车后面把后备轮胎拿出来，把它斜靠在防护板上。他把泄气的轮胎从车轴上拉下来。然后，他拿过后备轮胎，把它装在车轴上。汤姆把螺丝帽放回原处，用**扳手**把它们都拧紧。他把轮毂罩放到原位。最后，他把汽车降到地面，把地上的物品都收起来，放回工具箱。他走回汽车坐到了司机的位置。他转动钥匙，把车挂上挡，慢慢地把车开起来。他再次向目的地进发。

再认词系列

扳手（低频中心词）

轮子

刹车

千斤顶（高频中心词）

钳子

3. 苏姗正在准备一门考试。她觉得有些困了，所以她想为自己多煮些咖啡。她走出房门走进厨房。她走到火炉旁边的柜橱，打开它。苏姗拿出一个装咖啡过滤器的盒子，从里面拿出一个过滤器，把盒子放回柜橱里。她打开过滤器，把它上端折叠起来使它刚好可以放在咖啡壶里。然后她回房间拿她的**杯子**，把**它**拿到厨房。苏姗用水把**它**洗干净，把**它**擦干，然后放在咖啡壶旁边。**这**是她最喜欢的**杯子**，因为是妈妈送给她的。她放了两茶匙糖在里面。她走到冰箱，拿出一罐咖啡，放了四勺在过滤器上。然后她盖上咖啡器的盖子。她盖上咖啡罐的盖子，把它放回冰箱。苏姗拿了一个水壶，把它拿到水槽。她把**水壶**放入水槽，给它装满冷水。然后她走回到咖啡壶，把水倒进它里面。她盖上咖啡壶的盖子。一切准备就绪，苏姗打开了咖啡壶的电源。当咖啡煮好了，苏姗把咖啡倒进**水壶**里，她给自己倒了一些咖啡。苏姗从冰箱里拿出一些牛奶倒入咖啡里。她用小勺搅动咖啡，直到咖啡和牛奶混合好。现在咖啡正合她的胃口。苏姗走回房间继续她的考前复习。

再认词系列

乳酪

水壶（低频中心词）

咖啡豆

方糖

杯子（高频中心词）

4. 因为凯特要写一篇论文，所以周六她去了图书馆。这是她第一次去学校的图书馆，她不知道在哪儿可以找到她需要的资料。她从宿舍走到图书馆，从大门走进去，然后问咨询台的管理员，她在哪里可以找到*期刊*索引。管理员指了指右边。她在那里找到了索引，并开始寻找她所需要的*期刊*。当她抄完了她想要用的文章的索引后，她问管理员资料室在哪里。她告诉凯特从楼梯上到二层，在楼梯口向右转。她到了资料室，取下装订成册的资料。她坐下来，浏览每一篇文章，复印了有用的文章，然后走回大厅去浏览分类卡。她按照科目寻找与她的研究有关的*书*。每张卡片都提供了*书*的名字、作者和电话号码。她记下了她认为有用的信息。然后凯特去找到了*它们*，在桌边坐下，*一本一本*地浏览，看看在里面是否有对她有用的资料。她决定把*它们*都借出来，因此她走到借书处。管理员让她拿出借阅证。管理员在*每一本*上面都盖了一个日期，并告知凯特借阅期为两周。管理员把证件还给她，凯特向门口走去。她走出图书馆，向宿舍走去。在回宿舍的路上，她想图书馆并不像她原来想象的那么难用。

再认词系列

架子

书（高频中心词）

卷

索引

期刊（低频中心词）

5. 乔治感觉不舒服已经三个星期了，他打电话到医生的办公室。电话响了几声后，一个接待员接了电话，她让乔治等一下。后来，一个*护士*接过电话，*她*问他有什么需要。乔治告诉*她*自己的姓名和症状。*护士*和医生商量了一下，看是要乔治来看病还是去药店买一些对症的药。*她*告诉乔治他需要预约一个时间来医院。乔治问什么时间可以预约，*她*告诉乔治当天和第二天都可以。他说马上去。乔治挂上电话，坐进他的汽车，开车去了医生的办公室。乔治提前 15 分钟到，他填写了接待员要求他填写的*病人*的表格。填完表后，他坐下等叫他的名字。当他被叫到后，他放下正在看的杂志，跟随医生去了*病人*检查室。他让乔治站在体重计上。医生从体重计记下他的体重，然后量了乔治的体温。接下来医生量了他的血压，又对乔治进行了肺部检查，又检查了他的耳朵、鼻子和喉咙。医生诊断为扁桃体发炎。他给乔治开了一些抗生素药，并告诉他卧床休息几天。离开之前，他告诉乔治到接待员那里去交医药费。乔治走到接待员那里，交了医药费，填写完保险表，然后回家休息。

再认词系列

护士（高频中心词）

注射

病人（低频中心词）

药片

医生

6. 晚饭后玛丽开始清扫桌子。她把盘子里的食物倒进垃圾桶。然后，她去洗盘子，她先把塞子塞在洗涤槽中。她打开**水**龙头开关，在洗涤槽里充了一半**水**的时候，她从洗涤槽下面拿出洗洁精。她很快倒了一些洗洁精在**它**里面。在**那**里面起了很多泡泡后，她把**它**关掉了。在她去擦桌子的时候，她把盘子放在**它**里面，让它们泡着。她开始洗杯子。玛丽洗干净了所有的杯子，把它们放到架子上晾着。接着她用**清洁球**擦洗盘子，然后把它们都冲洗干净，放到架子上。玛丽又洗了叉子，把它们洗干净后，晾到架子上。玛丽最后洗的是平底锅。平底锅里有一些烤焦了的东西留在上面，因此她必须用**清洁球**才能把它们清除掉。洗完平底锅后，她把它放到了架子上。玛丽把洗涤槽里的塞子拿开。当洗涤槽排放干净后，她从上到下把它弄干净。她从碗橱里拿出一条擦碗的毛巾，用毛巾把盘子擦干净。玛丽把杯子和盘子放进碗橱，然后把叉子放到抽屉里。最后，她把平底锅放到火炉下的架子上，把其他东西放入碗橱。她关上灯，离开厨房。

再认词系列

清洁球（低频中心词）

肥皂

水（高频中心词）

烤箱

龙头

7. 皮特和简已经在他们这个房子住了2年了，他们决定重新粉刷客厅。他们去商店挑选涂料，他们从颜色盒中选中一个颜色，然后告诉店员他们想要涂料颜色的号码。店员从仓库里拿出涂料，帮他们调好。然后他们又买了**铲子**等粉刷必备的工具。付款后，他们把物品带回家。回到家后，他们开始准备粉刷客厅。他们把所有能搬出去的家具都搬出去，不能搬出去的家具，在上面铺上报纸。首先，他们用石膏填上墙上所有的洞，用**铲子**刮掉松动的涂料，用砂纸把粗糙的地方打磨光滑。皮特在滚筒上蘸了一些涂料。把涂料蘸到滚筒上之后，他爬上梯子，开始粉刷天花板。同时，简拿过**刷子**，开始粉刷其中的一面墙。她把**它**在涂料桶里蘸了蘸，不让**它**上面浸很多涂料。她小心地上下粉刷墙壁。然后简把**它**递给皮特，让他粉刷天花板和墙之间的缝隙。当他粉刷完天花板，他开始粉刷其他的墙面。当皮特在粉刷最后一面墙的时候，简用温水和肥皂把**刷子**洗干净，把**它**晾干。皮特全部刷完后，他盖上桶的盖子，出去把滚筒洗干净。墙干了以后，他们把家具搬回房间。然后，他们换下衣服，到新粉刷的客厅里去休息。

再认词系列

刷子（高频中心词）

铲子（低频中心词）

桶

盖子

汽油

8. 约翰认为在这样温暖的天气里，烤牛排不错。他到超市买了一些食品。到家后，他把食品袋放到桌子上。他从袋子里拿出一瓶烧烤汁和一包真空包装的牛排。约翰打开袋子，取出牛排，把它放在砧板上。约翰打开烧烤汁的瓶子，在牛排的两面擦了一些烧烤汁。然后他把牛排和一个**叉子**放到大浅盘里，把它端到院子里。院子里有一个两边有木质平台的烤肉架。约翰走到烤肉架，把浅盘放到平台上。然后他打开烧烤架的盖子，拿出**铁格子**。他把**它**拿到外面的水龙头那里。约翰打开水龙头，抓着水管冲洗**它**，然后他把水关掉，把**它**放回烧烤架。放好后，约翰蹲下打开煤气。他很快点燃一根火柴，通过**铁格子**的缝隙丢进去。煤气点燃了，小火苗引燃了下面的木炭。约翰把牛排叉好，放在**它**上面。牛排上的油滴下来，火苗开始摇曳。过了一段时间，约翰把牛排翻过来烤。约翰关上烧烤架的盖子，让烟熏牛排。他觉得时间合适了，打开盖子。一股烟从烧烤架上升起来。现在的牛排刚好合适他的胃口。约翰抓住**叉子**，取下牛排把它放入浅盘。然后他关上煤气，盖上烧烤架的盖子。他端着浅盘走进厨房，开始吃。

再认词系列
炉火
铁格子（高频中心词）
牛排
碟子
叉子（低频中心词）

9. 丹是一名大四的学生，想进一步学习深造。他和辅导员约定了一个时间见面。在约定的那天，丹到了系里，见到他的辅导员。丹坐下后，他告诉辅导员他已经开始考虑几所**学校**。辅导员问了他一些关于**它们**的问题，比如所开的科目、地理位置和大小。丹列举出他感兴趣的**那些**。辅导员给了他两本书，里面包括他所提到的**学校**的简介和地址。丹拜访过辅导员后，他回来写信索取有关的信息。**它们**给他寄来宣传册子和申请表。在看过这些资料后，丹缩小了他想申请的范围。他向确定的**每一所**都提交了申请。丹又请一些老师给他写推荐信。他们都同意了，丹非常感谢他们。接着丹去了行政办公室，请求把他的成绩单寄出。办公室的人员说他们会在这周末把它寄出。丹谢过他们，然后回家了。丹获准参加入学**考试**。到了那天，丹带着准考证和2B铅笔来到考场。在听到监考人员的指令后，他开始做题。他尽可能既快又准确地做题。监考人员宣布**考试**结束，丹交上卷子，然后回家。丹希望结果是不错的，也非常担忧。现在能做的只能是等成绩和录取通知书。

再认词系列

老师

校园

考试（低频中心词）

学校（高频中心词）

分数

10. 闹铃响了。詹妮翻过身，把它关上。6 分钟过后，闹铃
又响了。詹妮又把它关掉了。在闹铃第三次响的时候，詹妮从
她温暖的**床**上翻过身，又把闹铃关掉了。**床**是如此的温暖舒适，
以至她不想起来。她终于从**它**上面起来，开始收拾**它**。她把**它**
上面的**被子**先叠起来，接着把**它**上面的毯子叠起来。最后，她
把枕头放在**被子**上面。整理好后，妈妈在楼下喊让她快点，否
则上学就迟到了。詹妮告诉妈妈她已经起来了，收拾好就下
楼。她揉着惺忪的眼睛走进浴室。詹妮打开淋浴让它慢慢升
温。她脱下睡衣，走到淋浴下。在洗完后，她走出淋浴，抓过
一条毛巾，把身体擦干。她走进房间，走到衣橱那里。詹妮打
开门，在衣橱里找衣服穿。最后，她选择了一个衬衫和裙子。
她从衣架上拿下衣服，脱下浴衣。她很快穿上衬衫和裙子。她
又回到浴室把东西收拾好。在浴室收拾好以后，她穿上鞋子下
楼。她坐在桌旁，浏览晨报的第一版。詹妮的妈妈给她端过早
餐。詹妮边吃饭边和妈妈谈着话。吃过饭，她谢过妈妈，起身
把盘子端到水槽里。她从桌子上拿起书本和午餐，走出家门。

再认词系列

钟表

被子（低频中心词）

梳子

床（高频中心词）

镜子

3. 设计与程序

单因素的被试内材料内实验设计。自变量是目标词频次，分高频目标词与低频目标词两种水平。实验程序同实验1。

(三) 评定实验

评定实验的目标是以事件相关的方式确定每篇文本两个事件相关程度相等的目标词。60 名大学生参与，做法与实验 3 基本相同。向每个学生呈现正式实验的 10 篇脚本文本的小册子，每篇包括两页，第一页是文本正文，第二页呈现文本中出现过 2 次、估计与主题事件有密切关系的 6 个词，要求被试评定各个词与文本中心事件的关系，标准从 1 （不密切） 到 7 （非常密切）。根据被试评定结果，每篇文本选出平均相关等级在 5 以上的事件相关程度基本相同的两个词作为该文的再认部分的中心词，然后对文本略作修改，将其中 1 个词在文本中的阐述次数增加到 6 次，称为 "高频中心目标词"，另外 1 个词阐述次数保持在 2 次，称为 "低频中心目标词"。10 篇文章的高频中心目标词平均等级为 5.46，低频中心目标词平均等级为 5.26，差异不显著。

(四) 结果与分析

记录再认探测词的平均反应时间和错误率。删除偏离平均数 3 个标准差的反应时，这样的数据占全部数据的 2.31%。实验结果见表 3-6。

表3-6　不同词频的事件相关中心词通达效果比较

中心词	RT	SE	PE
高频	820.06	132.40	5.4
低频	833.48	154.63	6.9

注：RT=反应时（毫秒）；SE=标准差；PE=错误率（%）。

对表3-6反应时数据进行配对样本 t 检验，结果表明，高频中心词和低频中心词反应时差异不显著，$t_{1(25)} = -0.68$，$p = 0.51$；$t_{2(9)} = -0.31$，$p = 0.76$；同样，高频中心词和低频中心词错误率差异也不显著，$t_{1(25)} = -0.78$，$p = 0.44$；$t_{2(9)} = -0.58$，$p = 0.58$。

上述结果明确表明，事件相关中心概念的通达，在一定范围内不受其出现频率的影响。这个结果非常值得注意，它更有说服力地证明，与文本事件高相关的概念，才是文本阅读过程形成的中心概念，作为文本的中心概念，其通达效果在一定程度上不受词频的影响，Rizzella & O'Brien（2002）等人提出的词频相关作为确定中心概念的标准是不恰当的。

第四节　研究一讨论

为了对上述三种理论提出的中心概念的确定方式进行检验，研究一设计了三个系列的实验，探讨了采用三种方式（事件相关、标题相关、词频相关）所确定的文本中心概念在脚本中的通达情况。

实验 1 和实验 2 在中文条件下重复了 Rizzella & O'Brien（2002）的研究，得出了相同的结果。在脚本文本中，当采用词频相关方式来确定中心概念时，中心目标词的通达快于边缘目标词；而采用标题相关方式来确定中心概念，并且陪衬词与文本主题有关的情况下，中心目标词的通达则慢于边缘目标词。实验 1 的结果再次表明以标题相关方式确定文本中心词在通达方面缺乏优势，因此，这种确定方式的合理性值得考虑。

实验 3 和实验 4 进一步对事件相关方式确定的中心词的通达情况进行研究，实验结果表明，采用事件相关来确定中心概念，无论在标题相关陪衬词还是事件相关陪衬词的干扰下，中心概念的通达均快于边缘词。这是由于这种方式所确定的中心概念，与文本的中心事件密切联系，读者在阅读过程中建构文本情景模型时，对这些中心词就会特别地进行加工，形成鲜明的印象。因此，即使再认陪衬词与标题相关产生较大干扰的情况下，中心词的通达速度还是比边缘词快。

实验 5 和实验 6 进一步对事件相关与词频相关两种方式确定的中心概念的通达情况进行比较，结果表明，事件相关中心词通达时间显著低于词频相关中心词，并且事件相关中心概念的通达，在一定范围内不受其出现频率的影响。这个结果比较有说服力地证明，事件相关才真正是确定文本中心概念的方式，以往用词频相关确定的中心概念之所以通达效果优于边缘概念，主要是由于一般记忆规律的作用。由此可见，记忆文本加工理论的心理学家从其关于阅读信息加工过程的看法，提出词频相关的确定文本中心概念的方式，实际上是一种字词水平的确定方式，这种方式确定的中心概念在通达方面表现出来的优势，可能只是一般记忆规律的体现。

　　总体来看，研究一结果证明，在脚本文本中，以事件中心方式确定的文本中心词，在通达上显示出明显的优势，表明这种确定中心词的方式是最有效的；而这种确定方式的有效性，也支持了在脚本文本阅读过程中会即时建构情境模型的观点，不支持记忆文本加工理论完全否定情境模型即时构建的见解。

第四章　研究二　叙述文本概念提取研究

　　研究一通过一系列实验证明，在脚本文本中，以"事件相关"方式确定的中心概念可以更好地表现文本中心，较少受到抑制因素的干扰，表现为中心概念提取速度比边缘概念快。但是，事件相关这种中心确定方式是否在叙述文本中也有适用性，上述研究还没有进行探讨。前人研究得出脚本文本和叙述文本由于不同的文本中心确定方式，概念通达的效果是不同的。并且，Rizzella & O'Brien（2002）的研究认为，脚本文本中得出的中心概念慢于边缘概念提取的情况在叙述文本中难以得出，主要原因在于在叙述文本中，很难想象一个概念在文本中没有被精细阐述而作为中心词，因此他们认为在叙述文本中概念通达更取决于情境记忆痕迹。如果按照这种假设，叙述文本的中心概念必须是经过精细阐述的概念，但是，笔者认为，叙述文本主要是以叙述为主，是围绕一个事件进行阐述的，因此，应该存在不需要精细阐述的以事件相关的方式确定的文本中心。所以，事件相关的文本中心确定方式是否能够真正代表文本中心，是否能够维持人们对于文本阅读过程中形成的中心概念应该比边缘概念有更高激活水平的认识，成为迫切需要探讨的问题。

根据上述分析，笔者认为，能够真正反映文本主题的中心确定方式，无论在脚本文本中，还是在叙述文本中都能够适用。本研究采用"事件相关"的方式来确定叙述文本的中心，即首先确定文本的中心事件，然后根据与该中心事件相关程度来确定中心概念。这样的中心概念，才真正体现出文本的主题。因此，本研究准备按照"事件相关"的方式确定叙述文本的中心概念并考察这些概念的通达效果，从而考察事件中心在文本中的地位（陈红敏，莫雷，王瑞明，2006）。

第一节 叙述文本词频相关中心的概念通达

（一）研究目的

Rizzella & O'Brien（2002）的研究表明，在叙述文本阅读中，用词频相关确定的中心概念，无论有无主题相关陪衬词的干扰，中心概念的提取比边缘概念的提取更快、更准确。本研究拟通过实验7在中文条件下验证这一结论。

（二）研究方法

1. 被 试

华南师范大学 30 名本科生参加了实验。所有被试均裸视或矫正视力正常，母语为汉语，无阅读障碍。

2. 实验材料

采用 Rizzella & O'Brein（2002）研究使用的 10 篇叙述文本的文章以及相应的再认词。在这套材料中，每篇文章使用词频相关方式确定文本中心，文章后都有两类再认词系列，一类是主题相关陪衬词，另一类主题无关陪衬词，因此每篇文章都有两个版本。要求被试阅读文本后对再认词逐个进行再认，再认词系列共有 5 个词，其中 2 个是在文本中出现过的目标词，1 个是中心目标词，另 1 个是边缘目标词；其他 3 个是陪衬词，有的是文本出现过的，有的是文本没有出现的。例文如下。

材料：以词频相关方式确定中心概念版本

1. 萨拉很难相信事情已发生 20 多年了。当她还在读高中二年级时，她和约翰相爱了。他们想结婚但双方父母都希望他们能上大学。他们决定私奔结婚。一天晚上，萨拉从她窗子外面的*梯子*上爬下来。*梯子*是她晚饭后偷偷溜出来放到那里的。他们约好早晨 8：00 在市中心会面。他们带走能凑集的所有的钱。他们想乘*火车*去 200 公里外的一个小镇。萨拉仍能记得乘坐*它*时的情景。她认为*那*是一种浪漫的私奔方式。*火车*让她想起了在旧电影中两个恋人私奔的情景。她还记得**它**的发动机中熊熊燃烧的炭。在**它**上面，人不多，使得**它**更有浪漫味道。当**它**驶进了小镇的车站，萨拉意识到他们没有地方可住。别无选择，他们决定住到所能找到的最便宜的旅馆。幸运的是，不久他们找到了一处。第二天早晨，他们打算去镇礼堂办理结婚登记。他们不知道登记要 10 美元。他们花了仅剩的 10 美元。私奔结婚的一个星期后，他们打电话给父母让父母知道他们一切都好。双方父母很快接受了他们结婚的事实。实际上，约翰的父母还为他们在自己的农场提供了住的地方，直到他们能找到另一处住的地方。现在 20 多年过去了，萨拉不能想象没有农场的生活。

再认词系列 1 （主题相关陪衬词）	再认词系列 2 （主题无关陪衬词）
婚纱	火车站
火车（中心词）	火车（中心词）
梯子（边缘词）	梯子（边缘词）
教堂	牧师
登记	房子

2. 凯做空姐已经三个月了，现在即将开始她的第一次国际旅行。一般空服人员在国际飞行前必须有一年的飞行经验。凯非常喜欢她的工作，对这次的国际旅行飞行感到很兴奋。凯尤其喜欢她的制服。她没想到这套制服配上浅蓝色的围巾那么好看。制服是深蓝色的，有金色的纽扣。凯认为它看起来非常的职业化。飞行当天，乘客上飞机时，凯热情地接待了他们，并

帮助他们找到自己的位置。待所有人都坐好后，关上飞机门准备起飞。飞机刚刚离开地面，一个男人拿出**刀子**命令凯带他去见飞行员。他威胁如果人们不合作，他就用**它**伤人。他把**它**逼近凯，再次要求她带他去见飞行员。凯看着**刀子**，浑身发抖。她问那个男人能不能把**它**从她脸上拿开，把**它**收起来。那个男人慢慢地把**它**移下来，但是他说到达他的目的地之前，他不会把**它**收起来。当他们到达驾驶员座舱，男人要求飞机飞到古巴。看来没有选择的余地，机长呼叫古巴的飞机场，告诉那里他们要到达的时间。后来的飞行很平静。飞机着陆后，那个男人看向**窗子**外面，发现飞机的所有出口都被警察封锁住了。他很快拉下**窗子**的帘子。他命令所有的人都在前门下机，他试图在后面的门出去。不幸的是，警察很快抓住了他。凯在事后还一直处在恐惧中，她决定回到以前的工作中去。

再认词系列1 （主题相关陪衬词）	再认词系列2 （主题无关陪衬词）
行李	钟表
刀子（中心词）	刀子（中心词）
刀刃	熊
窗子（边缘词）	窗子（边缘词）
衣服	云

3. 今天是艾米的第五个生日，她非常高兴。她把想要的东西列了一个长长的清单。艾米的妈妈已经为她做了一个特大的生日蛋糕。艾米非常想吃蛋糕，她翻抽屉找出一个叉子，把叉

子放在桌子上蛋糕的旁边。妈妈让她离开蛋糕。艾米缠着妈妈说她饿了，想吃一些蛋糕。为了让她安静下来，不破坏她的食欲，妈妈给了她一颗口香糖。事实上，这口香糖是准备在生日晚宴的时候拿给她的，但是妈妈决定现在让她吃一个。艾米嚼起口香糖，开始吹。为了让艾米离开蛋糕，不再闹事，妈妈让她读读自己列出的生日清单。她的清单上的第一个东西是一辆新的**脚踏车**。妈妈笑了，因为艾米不知道她的父母已经把**它**买来了。**它**是红色的，有一个黄色的车筐在**它**的把手上。实际上，在艾米读清单的时候，她父亲正在车库里把**它**组装在一起。她的父母现在还没有确定什么时间把**脚踏车**送给她。如果他们在生日晚宴之前把**它**送给她，她就会在晚宴进行时就想骑。但是如果他们在晚宴之后把**它**送给她，他们担心她认为他们什么东西都没有送给她，在晚宴的时候不会好好配合。突然，前门传来敲门声，艾米打开门，是他们的邻居史密斯一家。他们送给她一个大盒子，在她坐下之前，门铃又响了。生日晚宴开始了，艾米非常快乐。

再认词系列1 (主题相关陪衬词)	再认词系列2 (主题无关陪衬词)
蛋糕	天气
礼物	手机
叉子（边缘词）	叉子（边缘词）
脚踏车（中心词）	脚踏车（中心词）
餐巾	门铃

4. 霍华德梦想成为一名出色的音乐家，但是现在他面临一个困难的选择。他马上要从高中毕业，必须做出决定是上大学还是从事音乐方面的工作。他的父母想要他读大学，把**吉他**作为业余爱好。而霍华德认为**吉他**可以实现他的梦想，大学可以以后上。霍华德在当地的一家音乐商店兼职，在高中毕业后他可以做全职。在那里他有很多特殊的优惠，薪水也不少。他可以存钱买他一直想买的**卡车**。霍华德知道他可以好好利用**它**，他觉得可以用**它**拉着他的乐器去各地演出。**它**甚至有足够的空间放下他朋友的架子鼓。这两人认为他们可以组建一个乐队，用**卡车**作为他们的运输工具。除了在商店赚的钱，霍华德还可以用演出赚的钱支付**它**。霍华德觉得情况不错——他可以在 8 个月内完全拥有**它**，同时可以用**它**来促进他音乐事业的发展。主要的问题在于霍华德必须要有一个贷款担保人，他除了求助父母没有其他选择。他知道他们不会给他担保。当他让他的父亲为他签署贷款担保的时候，他父亲给了他一本 400 页的书，那是大学的一个目录册。他父亲已经看过，并且对有音乐课程的学校做了记号。霍华德愤怒地将书丢进他的房间。很明显他父母仍然坚持要他上大学。同时，他感觉这会毁掉他想成为音乐家的梦想。他必须尽快地为他要做什么做出决定。

再认词系列 1 (主题相关陪衬词)	再认词系列 2 (主题无关陪衬词)
卡车（中心词）	卡车（中心词）
吉他（边缘词）	吉他（边缘词）

银行	网络
歌	书画
乐团	小猫

5. 露西期待这个音乐会已经很长时间了。她去年看过这场演出，非常喜欢，她决定今年再去看。露西想让她的室友陪她去，但是她的室友不喜欢古典音乐。因为找不到人和她一起去，她只买了一张**门票**。为了保证买到一个好位置，她很早就去把**它**买来了。她回到家后，为了不把**它**弄丢，她想找到一个最合适的地方把**它**放好。露西经常会放错东西，不想把**这个**也放错，尤其**这**几乎花了她20美元。她认为她可以在她的房间里找到合适的地方，因此她走上楼。最后，她决定把**它**放在化妆台的抽屉里。她把其他的贵重物品也都放在那里，因此她觉得把**门票**放在那里也是安全的。现在是12点，露西的室友快回来了，露西打算准备午餐。她下楼走进厨房。打开冰箱，她看到父亲送给她的新鲜玉米。这是父亲在菜园里种的。露西和室友都喜欢玉米，露西决定用它来做三明治。当露西都准备好了，她的室友回来了。露西问她是否喜欢吃。室友说非常喜欢，并问露西是否想看她们最喜欢的连续剧。她们坐下来边吃边看电视，露西先脱下**鞋子**，把她的**鞋子**放到沙发边。接下来的三个小时，她们两个看了几集连续剧。看完最后一集，她们都觉得没有比看连续剧能更好地消磨下午时间的方式了。她们都想知道连续剧后来发生了什么，都想明天接着看。

再认词系列 1 (主题相关陪衬词)	再认词系列 2 (主题无关陪衬词)
表演	茶杯
鞋子（边缘词）	鞋子（边缘词）
门票（中心词）	门票（中心词）
小提琴	花瓶
午餐	沙发

6. 苏珊刚刚毕业，正在找工作。她想找一份与她所学的心理学知识对口的工作。苏珊对临床心理学这个领域不感兴趣。她更喜欢实验和应用方面，因此她申请了**马戏团**训练员的工作。**马戏团**的工作可以充分地检验她的行为矫正技术学得怎样。她接到一个公司的电话。他们问了她几个问题，并想和她面谈。苏珊想把这个消息尽快告诉她的父母。她想可以坐在门前的台阶上，吃着苹果等父母。苏珊认为苹果可以帮她打发晚餐前的时间。她把它切成小片，放到一个纸盘里。苏珊刚刚坐下，她母亲的车驶进了停车道。苏珊跑起来迎过去，高兴地告诉母亲面试的消息。对于面试，苏珊打算设计训练两只猴子玩的**游戏**。苏珊告诉母亲她还没有想好具体对**它**怎样设计，但是她说**这个**应该不难。母亲说如果需要帮忙，她可以帮她想一**个**。在和母亲谈话的时候，苏珊想起在大四那年，她有篇作业设计了一**个**较简单的。她觉得刚好可以把**它**用到面试，这个**游戏**正符合她的需要。而且**它**比较简单，可以向每个面试的人解释清楚。几分钟后，他父亲也回来了，苏珊告诉他这个好消息。他们三人

走进房子，决定今晚出去好好庆祝一下。他们决定去苏珊最喜欢的海鲜餐馆。

再认词系列1 （主题相关陪衬词）	再认词系列2 （主题无关陪衬词）
动物	钢笔
游戏（中心词）	游戏（中心词）
讲授	抽屉
马戏团（边缘词）	马戏团（边缘词）
猴子	苹果

7. 泰利忙她的实验已经有 8 个月了，她即将做出一个重大的研究突破。事实上，她最近获得了一个基金资助并且在国家癌症基金会找到工作。她对癌症的早期阶段比较感兴趣，并用**老鼠**做实验。今天早晨当她到了实验室，她发现**它们**有些不见了。泰利很震惊，她不知道**它们**是怎样跑掉的。**它们**关在不同的笼子里，并且**它们**的耳朵上都有标记。她叫来管理员，问他在早晨打扫卫生的时候，**它们**是否还在笼子里。管理员说在他打扫卫生时，碰倒了几个笼子，**老鼠**跑掉了，他抓不住**它们**。管理员向她道歉，并且说他会尽全力帮助她。泰利无法相信这个事实。这意味着她必须重新开始这个研究。泰利下楼走进她的办公室，坐进椅子里。她轻轻地晃动椅子。她很生气，却做不了什么。她站起来，把椅子推到墙边。泰利决定离开学校一会。她看日程表是否有空，确定自己这个时间没有什么安排后，她从桌子上拿起办公室**钥匙**，把**钥匙**放入包里离开了。开始，

泰利不知道她要去哪里，后来她决定去一个小池塘，以前她经常在那里思考问题。她觉得那里的景色可以让她的心情平静下来。

再认词系列 1 (主题相关陪衬词)	再认词系列 2 (主题无关陪衬词)
钥匙（边缘词）	钥匙（边缘词）
研究	小狗
笼子	线团
丢失	手表
老鼠（中心词）	老鼠（中心词）

8. 乔舒亚很喜欢和他的三个同事一起打高尔夫球。他们有一个习惯，每次在不同的球场打球，每周三傍晚都要打一次。通常，他们会2个对2个打比赛。乔舒亚相当迷信，每次都要戴着他的幸运*帽子*。他觉得只要戴着这顶*帽子*，他就会打好，而且会获胜。而事实上，乔舒亚和他的同伴最近三次比赛也都赢了。每次比赛之前，他们都会打一个赌，输的一方要给赢的一方买一杯*啤酒*。乔舒亚在长时间的运动后喜欢喝冰镇*啤酒*，尤其在不需要自己为*它*花钱的时候。这周，乔舒亚差点输掉了*这个*免费饮料。四个人走出草地走进俱乐部。他们让乔舒亚感觉很难堪，因为他们又给他买了*喝的*。他这次打得很烂，而且对方也认为他不应该享受*这个*。如果不是乔舒亚的同伴打得好，他必须自己买*喝的*，而不是他们给他买*这个*。他们四个人坐下来谈论刚才的比赛。对方中的一个人对乔舒亚打得那么糟糕还

会赢感到很惊奇。而且，在最后一个球，乔舒亚没有击中，他却把球打进了槽里。值得庆幸的是，乔舒亚的同伴发挥得非常好，乔舒亚有机会为自己的失球增加两次击球机会，而这也是乔舒亚比赛开始后第一次把球打进槽里。他们谈话的时候，乔舒亚看了记分卡，重新计算他们的分数是否正确。确定后，他感觉很沮丧，把记分卡扔到桌子的中间。离开时，他们开始商量下周在哪个高尔夫场地打球。

再认词系列1 （主题相关陪衬词）	再认词系列2 （主题无关陪衬词）
大力球	曲别针
球座	商店
啤酒（中心词）	啤酒（中心词）
槽	同事
帽子（边缘词）	帽子（边缘词）

9. 金现在在镇上的一家快餐店工作。报酬还可以，但这不是她暑假打算做的工作。她想在镇上的百货商店工作，但是那里不招收暑期工。金并不失望，毕竟她只是晚上在快餐店工作，而且白天可以*去海滩*。*那里*离她家只有15分钟的路程。因为*它*离得很近，因此除了下雨她几乎每天都会去*那里*。她说去*海滩*她不会感觉累，部分原因是因为在*那里*可以遇到朋友，可以知道很多新消息。金曾经想过在*那里*找一份救生员的工作，但是她觉得她更喜欢在*那里*休息和晒太阳。尽管在快餐店的工作不是很坏，它也有它的缺点。如果她在商店工作，金想着可以添

置一些衣服。她可以在不同的推销时期享受打折的优惠，尤其她可以买她喜欢的**香水**。一般情况下，这种**香水**一盎司（28克）要 10 美元。商店有各种她喜欢的衣服，可以充实她的衣柜。另外，金喜欢搜集各种各样的夹子。现在，她用的是一条发带束住头发。因为她头发太长，她要用夹子把头发给夹上。这条发带相当旧了，而且末端已经有些磨损了。虽然金只工作了一个星期，她很想快点得到她的第一笔报酬。她喜欢自己挣钱的感觉。现在她不得不穿上工作服，去快餐店工作。

再认词系列 1 （主题相关陪衬词）	再认词系列 2 （主题无关陪衬词）
香水（边缘词）	香水（边缘词）
海洋	台灯
太阳	鞋子
海滩（中心词）	海滩（中心词）
钳子	头发

10. 提姆做警察已经 5 年了，他刚刚被提升为侦探。他对处理第一个案件非常兴奋，并且认为他以前的训练会帮助他处理在外面发生的事情。很明显，提姆的提升并没有影响他保持办公桌的方式，在提升之前他的办公桌都是堆满了杂物。平时，他就坐在他杂乱的办公桌前阅读。正当提姆看到报纸的体育版时，他接到了一个电话。有人报警附近的公寓里发生了入侵行为。提姆检查他带齐了一切该带的东西，然后他抓起夹克跑向自己的**汽车**。他开动汽车，打开警报器。提姆迅速赶往公寓，

他是第一个到达犯罪现场的人。他仔细地检查大楼和停车场查看嫌疑人是否还在这里。他注意到打碎的玻璃散落在公寓前的人行道上，公寓的前门上有 5、6 个子弹孔，**它**显得破败不堪，但依然关闭着。提姆知道要等另外一个办案人员到来，他想看一下公寓里是否有人受伤。他慢慢地接近前门，轻轻地敲**它**。他试着打开**它**，但是**它**被锁住了。一个老妇女听到声音，从**它**上面的猫眼往外看。她看到提姆是个侦探，她把**它**打开。他问她关于发生事件的一些问题。她告诉提姆嫌疑人已经离开 10 分钟了。提姆马上通知警察局的人嫌疑人仍然在逃。长官告诉他留在那里，继续向其他居民调查情况。

再认词系列 1 (主题相关陪衬词)	**再认词系列 2** (主题无关陪衬词)
手枪	冰箱
汽车（边缘词）	汽车（边缘词）
抢劫	雪花
新闻	伞
门（中心词）	门（中心词）

从以上实验材料中可以看出，两个版本的文章内容相同，只是再认词系列不同。词频相关中心是以概念在文本中出现次数来确定中心词与边缘词，经过事先评定，中心词与文本的词频相关程度为 4.87，边缘词的是 2.68。两者差异显著 $t_{(9)} = 4.61$，$p < 0.01$。中心词出现 8 次（2 次明提，6 次暗提），边缘词仅出现 2 次（都是明提）。在两个系列中，5 项探测词的位置是随机

分配的。中心词和边缘词的标题相关评定没有差别，中心词是3.30，边缘词是2.91，说明标题相关无法确定叙述文本中心。

3. 设计与程序

本实验是两因素被试内实验设计。一个自变量是陪衬词类型，有两个水平：主题相关和主题无关。另一个自变量是目标词：中心目标词和边缘目标词。因变量是再认目标词的反应时间与错误率。

实验材料共有 10 篇叙述文本，每篇文本分为主题有关与主题无关两个版本，因此，共有主题相关系列文本（简称"A 系列"）10 篇，主题无关系列文本（简称"B 系列"）10 篇，用 A 系列前 5 篇材料（A_1）与 B 系列后 5 篇材料（B_2）组成第一套阅读材料（A_1B_2），用 A 系列后 5 篇材料（A_2）与 B 系列前 5 篇材料（B_1）组成第二套阅读材料（A_2B_1）。在实验中，30 名被试随机分为两半，一半阅读 A_1B_2，另一半阅读 A_2B_1。这样，所有的被试都阅读全部 10 篇正式材料，两种版本各半，两种条件同等地出现在各篇材料中。

本实验按照 Rizzella & O'Brein（2002）研究的实验程序。每套材料的 10 篇文本按随机顺序排列，采用动窗技术，由被试自己按键逐句进行阅读，每次按键当前句被抹掉并出现下一句，计算机自动记录每句的阅读时间。每篇文章阅读完后，屏幕上呈现"＊＊＊"的提示符 500 毫秒，然后立即逐个呈现再认探测词，要求被试迅速作出判断，若该词在文本中出现过，按 F键；若没有出现过，按 J 键。如果判断正确，呈现"＊＊＊"

提示符之后再呈现下一个探测词；如果判断错误或者在 5 秒之内没有反应，屏幕上会呈现'错误'二字，持续 500 毫秒以后自动消失，随后呈现"＊＊＊"提示符，接着下一个探测词。为使被试熟悉程序，他们在正式实验前完成两个练习。练习文本的数据不计算。

（三）评定实验

重复 Rizzella & O'Brein（2002）研究的评定实验。第一个评定实验是以标题相关的方式确定中心概念与边缘概念，52 名大学生参与。向被试呈现一个小册子，每一页上有一篇文章的主题。在题目下面，有来自文章的 6 个概念：中心词、边缘词和四个附加词。每篇文章的 6 个词是随机分配的。被试要求评论每个概念在多大程度上与文章的主题相关。中心词和边缘词的标题相关评定没有差别，中心词是 3.30，边缘词是 2.91。这个结果与 Rizzella & O'Brein（2002）研究的评定实验结果也相符，说明采用标题相关方式无法确定叙述文本的中心概念。

第二个评定实验是确定陪衬词是否与文章标题相关，20 个大学生参加，做法与标题相关中心的确定基本相同，但只要求被试对陪衬词与文本标题的关系进行"有"与"无"的评定，评定结果与 Rizzella & O'Brien（2002）研究大致相符。

（四）结果与分析

记录实验中被试再认的平均反应时间和错误率。删除偏离平均数 3 个标准差的反应时，这样的数据有 2.67%。在 SPSS 10.0 中对所有数据进行两种统计处理，F_1 是基于被试变量的分析，F_2 是基于项目变量的分析（下同）。实验结果见表 4-1。

表 4-1　词频相关方式确定的目标词在不同陪衬词条件下的再认情况

陪衬词	中心词		边缘词	
	RT	PE	RT	PE
主题相关	898.79±214.01	2.7	1013.48±217.62	11.3
主题无关	897.71±240.12	4.7	961.98±226.62	10.17

注：RT=反应时（毫秒）；PE=错误率（%）。

对表 4-1 反应时数据进行两因素重复测量的方差分析，结果表明，陪衬词类型主效应不显著 $F_{1(1,29)} = 2.02$，$p = 0.16$；$F_{2(1,9)} = 1.91$，$p = 0.20$。目标词类型主效应显著，$F_{1(1,29)} = 20.34$，$p < 0.001$；$F_{2(1,9)} = 1.96$，$p = 0.19$，中心目标词提取时间显著快于边缘目标词。陪衬词类型与中心词类型交互作用不显著，$F_{1(1,29)} = 1.12$，$p = 0.30$；$F_{2(1,9)} = 0.19$，$p = 0.67$。也就是说，无论陪衬词与标题相关还是与标题无关，中心目标词提取时间都显著快于边缘目标词。

对表 4-1 错误率数据进行两因素重复测量的方差分析，结果表明，陪衬词类型主效应不显著：$F_{1(1,29)} = 0.10$，$p = 0.76$；$F_{2(1,9)} = 0.03$，$p = 0.86$。目标词类型存在主效应，$F_{1(1,29)} = 11.74$，$p < 0.01$；$F_{2(1,9)} = 3.70$，$p = 0.09$，中心目标词错误率显著低于边缘目标词，差异非常显著。陪衬词类型与中心词类型交互作用不显著，$F_{1(1,29)} = 0.40$，$p = 0.53$；$F_{2(1,9)} = 0.25$，$p = 0.63$。也就是说，无论陪衬词与标题相关还是与标题无关，中心目标词再认错误率都显著低于边缘目标词。

对实验 7 的结果与 Rizzella & O'Brein（2002）的结果完全相

符，在中文条件下验证了他们的研究结论：对于叙述文本的阅读，当采用词频相关方式来确定中心概念时，中心目标词的通达快于边缘目标词。

根据本研究的设想，词频相关和标题相关两种确定中心概念的方式，都不能保证所确定的中心概念真正反映文本的主题，因此，上述的结果并不一定能真实地反映中心概念的通达状况，因此，第二节实验 8 准备采用"事件相关"方式确定中心概念，然后探讨这种方式确定的叙述文本中心概念通达过程的特征。

第二节 叙述文本事件相关中心的概念通达

（一）研究目的

通过实验 8 探讨在叙述文本阅读过程中以事件相关方式确定的中心概念在主题相关陪衬词（标题相关陪衬词）和事件相关陪衬词干扰下的通达情况❶。

（二）研究方法

1. 被 试

华南师范大学 70 名本科生参加本实验。所有被试均裸视或

---

❶ 这里以标题相关的方式确定与主题有关的陪衬词，这种主题相关陪衬词实际上是标题相关陪衬词。

矫正视力正常，母语为汉语，无阅读障碍。均未参加前一个实验。

2. 实验材料

对实验 7 材料进行修改，只是每篇叙述文本都以事件相关方式确定中心概念与边缘概念，它们在文章中都是出现 2 次（都是明提）。根据研究目的采用两种方式确定陪衬词：一种是采用事件相关的方式确定的陪衬词（简称事件相关陪衬词）；另一种是 Rizzella & O'Brein（2002）研究中采用的标题相关的方式确定与主题有关的陪衬词（简称标题相关陪衬词）。例文如下。

材料：以事件相关方式确定中心概念版本

1. 萨拉很难相信事情已发生 20 多年了。当她还在读高二时，她和约翰相爱了。他们想结婚但双方父母都希望他们能上大学。他们决定逃离家庭的束缚。一天*晚饭*后，萨拉从她窗子外面的梯子上爬下来。梯子是她*晚饭*后偷偷溜出来放到那里的。他们约好早晨 8：00 到达市中心会面。他们带走能凑集的所有的钱。他们想乘火车去 200 公里外的一个小镇。萨拉仍能记得乘坐时的情景。她认为那真是一种浪漫的*私奔*方式。这让她想起了在旧电影中两个恋人*私奔*的情景。她还记得发动机中熊熊燃烧的炭。到达小镇的车站后，萨拉意识到他们没有地方可住。别无选择，他们决定住到所能找到的最便宜的旅馆。幸运的是，不久他们找到了一处。第二天早晨，他们打算去镇礼堂办理结婚登记。他们不知道登记要 10 美元。他们花了仅剩的 10 美元。结婚的一个星期后，他们打电话给父母让父母知道他们一切都好。

双方父母很快接受了他们结婚的事实。实际上，约翰的父母还为他们在自己的农场上提供了住的地方，直到他们能找到另一处住的地方。现在20多年过去了，萨拉不能想象没有农场的生活。

再认词系列1 (标题相关陪衬词)	再认词系列2 (事件相关陪衬词)
婚纱	殉情
私奔（中心词）	私奔（中心词）
晚饭（边缘词）	晚饭（边缘词）
教堂	逃跑
登记	束缚

2. 凯做空姐已经三个月了，现在即将开始她的第一次国际旅行。一般空服人员在国际飞行前必须有一年的飞行经验。凯非常喜欢她的**工作**，她对这次的国际旅行感到很兴奋。凯尤其喜欢她的制服。她没想到这套制服配上浅蓝色的围巾那么好看。制服是深蓝色的，有金色的纽扣。凯认为它看起来非常的职业化。飞行当天，乘客上飞机时，凯热情地接待了他们，并帮助他们找到自己的位置。待所有人都坐好后，关上飞机门准备起飞。飞机刚刚离开地面，一个男人拿出刀子命令凯带他去见飞行员。他威胁说如果人们不合作，他就伤人。他把刀子逼近凯，再次要求她带他去见飞行员。凯看着刀子，浑身发抖。她问那个男人能不能把刀子从她脸上拿开。那个男人慢慢地把刀子移开，但是他说到达他的目的地之前，他不会把它收起来。当他们到达驾驶员座舱，男人要求飞机飞到古巴。面对**劫机**看来没

有选择的余地，机长只好暂时合作，他呼叫了古巴的飞机场，告诉那里他们要到达的时间。后来的飞行很平静。飞机着陆后，那个男人向窗子外面望去，发现机场的所有出口都被警察封锁住了。他很快拉下窗子的帘子。他命令所有的人都在前门下机，他试图从后面的门出去。不幸的是，警察很快抓住了他。凯在事后还一直处在**劫机**时的恐惧中，她决定回到以前的**工作**中去。

再认词系列 1 （标题相关陪衬词）	再认词系列 2 （事件相关陪衬词）
行李	威胁
劫机（中心词）	劫机（中心词）
刀刃	恐怖
工作（边缘词）	工作（边缘词）
衣服	爆炸

3. 今天是艾米的五岁**生日**，她非常高兴。她把想要的东西列了一个长长的清单。艾米的妈妈已经为她做了一个特大的蛋糕。艾米非常想吃蛋糕，她翻抽屉找出一个叉子，把叉子放在桌子上蛋糕的旁边。妈妈让她离开蛋糕。艾米缠着妈妈说她饿了，想吃一些蛋糕。为了让她安静下来，不破坏她的食欲，妈妈给了她一颗口香糖。事实上，这口香糖是准备在晚宴的时候拿给她的，但是她妈妈决定现在让她吃一个。艾米嚼起口香糖，开始吹。为了让艾米离开蛋糕，不再闹事，她妈妈让她读自己列出的礼物清单。她的清单上的第一个东西就是一辆新的脚踏车。妈妈笑了，因为艾米不知道父母已经把它买来了。脚踏车

是红色的，前面有一个黄色的篮子。实际上，在艾米读清单的时候，她父亲正在车库里把它**组装**在一起。她的父母现在还没有确定什么时间把**组装**好的礼物送给她。如果他们在晚宴之前把它送给她，她就会在晚宴进行时就想骑。但是如果他们在晚宴之后把它送给她，他们担心她认为他们什么东西都没有送给她，在晚宴的时候不好好配合。突然，前门传来敲门声，艾米打开门，是他们的邻居史密斯一家。他们送给她一个大盒子，在她坐下之前，门铃又响了。**生日**晚宴开始了，艾米非常快乐。

再认词系列 1 （标题相关陪衬词）	再认词系列 2 （事件相关陪衬词）
蛋糕	礼物
礼物	庆祝
组装（边缘词）	组装（边缘词）
生日（中心词）	生日（中心词）
餐巾	派对

4. 霍华德的理想是成为一名出色的音乐家，但是现在他面临一个困难的选择。他马上要从高中毕业，必须做出决定是上大学还是从事音乐方面的工作。他的父母想要他读大学，把吉他作为业余爱好。而霍华德认为吉他可以实现他的**梦想**，大学可以以后上。霍华德在当地的一家音乐商店兼职，在高中毕业后他可以做全职。在那里他有很多特殊的**优惠**，薪水也不少。他可以存钱买他一直想买的卡车。霍华德知道他可以好好利用它，他觉得可以用它拉着他的乐器去各地演出。它甚至有足够

的空间放下他朋友的架子鼓。这两人认为他们可以组建一个乐队。但是买车他没有很大的**优惠**，只有靠自己支付。除了在商店赚的钱，霍华德还可以用演出赚的钱来支付。主要的问题在于霍华德必须要有一个贷款担保人，他除了求助父母没有其他选择。他知道他们不会给他担保。当他请他的父亲为他签署贷款担保的时候，他父亲给了他一本 400 页的书，那是大学的一个目录册。他父亲已经看过，并且对有音乐课程的学校做了记号。霍华德愤怒地将书丢进他的房间。很明显他父母仍然坚持要他上大学。同时，他感觉这会毁掉他想成为音乐家的**梦想**。他必须尽快地为他要做什么做出决定。

再认词系列 1 (标题相关陪衬词)	再认词系列 2 (事件相关陪衬词)
梦想（中心词）	梦想（中心词）
优惠（边缘词）	优惠（边缘词）
银行	安排
歌	目标
乐团	理想

5. 露西期待这个**音乐会**已经很长时间了。露西想让她的室友陪她去，但是她的室友不喜欢古典音乐。因为找不到人和她一起去，她只买了一张门票。回到家后，为了不把门票弄丢，她想找到一个最合适的地方把它放好。露西经常会放错东西，不想把这个也放错，尤其是这门票花了她将近 20 美元。她认为她可以在她的房间里找到合适的地方，因此她走上楼。最后，

她决定把它放在化妆台的抽屉里。她把其他的贵重物品也都放在那里，因此她觉得把门票放在那里也是安全的。现在是 12 点，露西的室友快回来了，露西打算准备午餐。她下楼走进厨房。打开冰箱，她看到父亲送给她的新鲜**玉米**。这是他父亲在菜园里种的。露西和室友都喜欢**玉米**，露西决定用它来做三明治。当露西都准备好了，她的室友回来了。室友问她是否买到了**音乐会**的票。露西告诉她买到了，并让她尝尝她做的午餐。室友尝过后说非常可口，并问露西是否想看连续剧。她们坐下来边吃边看电视。接下来的三个小时，她们两个看了几集连续剧。看完最后一集，她们都觉得没有比看连续剧能更好地消磨下午时间的方式了。她们很想知道连续剧后来发生了什么，都想明天接着看。

再认词系列 1 (标题相关陪衬词)	再认词系列 2 (事件相关陪衬词)
表演	演奏
玉米（边缘词）	玉米（边缘词）
音乐会（中心词）	音乐会（中心词）
小提琴	舞台
午餐	歌迷

6. 苏珊刚刚毕业，正在找工作。她想找一份与她所学的心理学知识对口的工作。苏珊对临床心理学这个领域不感兴趣。她更喜欢实验和应用方面，因此她**申请**了马戏团训练员的工作。马戏团的工作可以充分地检验她的行为矫正技术学得怎样。她

接到一个公司的电话，说看了她的工作**申请**。他们问了她几个问题，并想和她面谈。苏珊想把这个消息尽快告诉父母，大家可以庆祝一下。她想可以坐在门前的台阶上，吃着苹果等父母。她把它切成小片，放到一个纸盘里。苏珊刚刚坐下，看到母亲的车驶进了停车道。苏珊跑起来迎过去，高兴地告诉母亲**面试**的消息。对于**面试**，苏珊打算设计训练两只猴子玩的游戏。苏珊告诉母亲她还没有想好具体怎样设计，但是她说应该不难。母亲说如果需要帮忙，她可以帮她想。在和母亲谈话的时候，苏珊想起在大四那年，她有篇作业设计了一个较简单的游戏。她觉得刚好可以把它用上。几分钟后，他的父亲也回来了，苏珊告诉他这个好消息。他们三人走进房子，决定今晚出去好好庆祝一下。他们决定去苏珊最喜欢的海鲜餐馆。

再认词系列 1 （标题相关陪衬词）	再认词系列 2 （事件相关陪衬词）
动物	录取
面试（中心词）	面试（中心词）
讲授	考查
申请（边缘词）	申请（边缘词）
猴子	口试

7 泰利忙她的实验已经有 8 个月了，她在做一个非常有价值的**研究**。事实上，她最近获得了一个基金资助并且在国家癌症基金会找到工作。她对癌症早期阶段的情况比较感兴趣，并用小白鼠做实验。今天早晨当她到了实验室，她发现有些老鼠不

见了。泰利很震惊，她不知道它们是怎样跑掉的。它们关在不同的笼子里，并且每只耳朵上都有标记。她叫来管理员，问他在早晨打扫卫生的时候，它们是否还在笼子里。管理员说在他打扫卫生时，碰倒了几个笼子，老鼠跑掉了，他抓不住。管理员向她道歉，并且说他会尽全力帮助她。泰利无法相信这个事实。这意味着她必须重新开始这个**研究**。泰利下楼走进她的办公室，坐进椅子里。她很生气，无法集中**思考**，但是也做不了什么。她站起来，把椅子推到墙边。泰利决定离开学校一会儿。她看日程表是否有空，确定自己这个时间没有什么安排后，她从桌子上拿起办公室钥匙，把钥匙放入钱包离开了。开始，泰利不知道她要去哪里，后来她决定去一个小池塘，以前她经常在那里**思考**问题。她觉得那里的景色可以让她的心情平静下来。

再认词系列 1 (标题相关陪衬词)	再认词系列 2 (事件相关陪衬词)
思考（边缘词）	思考（边缘词）
道歉	实验
笼子	被试
丢失	设想
研究（中心词）	研究（中心词）

8. 乔舒亚很喜欢和他的三个朋友一起打高尔夫球。他们有一个习惯，每次在不同的**场地**打球，每周三傍晚都要打一次。通常，他们会 2 个和 2 个对打。乔舒亚相当迷信，每次都要戴着他的幸运帽子。他觉得只要戴着这顶帽子，他就会打好，而

且会获胜。而事实上，他这样迷信也是有原因的。乔舒亚和他的同伴最近三次打球都赢了。每次打球之前，他们都会打一个赌，输的一方要给赢的一方买一杯啤酒。这周，乔舒亚差点输掉了这免费啤酒。打完球，他们走出草地走进俱乐部。他们让乔舒亚感觉很难堪，因为他们又给他买了啤酒。他这次打得很糟，而且对方也认为他不应该享受这个。他们四个人坐下来谈论刚才的**比赛**。对方中的一个人对乔舒亚打得那么糟糕还会赢感到很惊奇。而且，在最后一个球，乔舒亚没有击中，而他把球打进了槽里。庆幸的是，乔舒亚的同伴发挥得非常好，乔舒亚有机会为自己的失球增加两次击球机会，才使得他打进了**比赛**开始后的第一个球。他们谈话的时候，乔舒亚看了记分卡，重新计算他们的分数是否正确。确定无误后，他感觉很沮丧，把记分卡扔到桌子的中间。离开时，他们开始商量下周在哪个高尔夫**场地**打球。

再认词系列 1 （标题相关陪衬词）	再认词系列 2 （事件相关陪衬词）
大力球	竞争
球座	分数
比赛（中心词）	比赛（中心词）
槽	胜利
场地（边缘词）	场地（边缘词）

9. 金刚刚在镇上的一家快餐店找到工作。报酬还可以，但这不是她暑假打算做的工作。她想在镇上的百货商店工作，但

是那里不招收暑期工。金并不失望，毕竟她只是晚上在快餐店工作，而且白天可以去海滩。那里离她家只有 15 分钟的路程，因此除了下雨她几乎每天都会去那里。部分原因是因为在海滩可以遇到很多朋友，可以知道很多新消息。金也很喜欢在海滩上休息和晒太阳。尽管在快餐店的工作不是很坏，它也有它的缺点。如果她在商店工作，就可以**挣钱**更多，还可以在不同的促销时期享受打折的优惠，尤其可以在优惠期，买她喜欢的香水。一般情况下，这种香水一盎司（28 克）要 10 美元。商店有各种她喜欢的衣服，可以充实她的衣柜。另外，金喜欢**收藏**各种各样的发夹。不过现在不是**收藏**问题，她更需要一个新的发夹。她现在用一条发带束住头发。因为她头发太长，她需要用发夹把头发给夹上去。而且她的发带相当旧了，末端已经有些磨损了。虽然金只工作了一个星期，她很想快点得到她的第一笔报酬。她喜欢自己**挣钱**的感觉。现在，她不得不穿上工作服，去快餐店工作。

再认词系列 1 (标题相关陪衬词)	再认词系列 2 (事件相关陪衬词)
收藏（边缘词）	收藏（边缘词）
海洋	报酬
太阳	打工
挣钱（中心词）	挣钱（中心词）
钳子	享受

10. 提姆做警察已经 5 年了，刚刚被提升为侦探。他对处理

第一个案件非常兴奋，并且认为他以前的训练会帮助他处理在外面发生的事情。他的办公桌一直挺杂乱，平时，他就坐在他杂乱的办公桌前阅读。正当提姆看到报纸的体育版时，他接到了一个电话。有人报警附近的公寓里有人**抢劫**。提姆**通知**了警察局的其他人，然后抓起他的夹克跑向自己的汽车。他开动汽车，打开警报器，迅速赶往公寓，他是第一个到达案发现场的人。他仔细地检查大楼和停车区，查看**抢劫**嫌疑人是否还在这里。他注意到打碎的玻璃散落在公寓前的人行道上，公寓的前门上有五六个子弹孔。提姆知道要等另外一个办案人员到来，他想看一下公寓里是否有人受伤。他慢慢地接近前门，轻轻地敲门。一个老妇人听到敲门声，从猫眼往外看。她看到提姆是个侦探，就把门打开了。他问她关于所发生事件的一些问题。她告诉提姆罪犯已经离开10分钟了。提姆马上**通知**警察局的人罪犯仍然在逃。长官告诉他留在那里，继续向其他居民调查情况。

再认词系列 1 (标题相关陪衬词)	再认词系列 2 (事件相关陪衬词)
手枪	线索
通知（边缘词）	通知（边缘词）
抢劫（中心词）	抢劫（中心词）
新闻	嫌疑人
门	案件

3. 设计与程序

采用2×2两因素混合实验设计。组内变量是目标词类型，分中心目标词和边缘目标词两种水平；组间变量是陪衬词类型，分为标题相关陪衬词与事件相关陪衬词两种水平。因变量是再认目标词的反应时间与正确率。

实验材料共有10篇叙述文本，每篇文本根据陪衬词类型分为标题相关与事件相关两个版本，因此，共有标题相关系列文本（简称A系列）10篇，事件相关系列文本（简称B系列）10篇。在实验中，70名被试其中有33人阅读A系列文章，37人阅读B系列文章。

实验程序与实验7大致相同。

（三）评定实验

正式实验前先进行评定实验，包括2个评定实验。评定实验一的目的是以事件相关的方式确定中心概念与边缘概念，47名大学生参与。向每个学生呈现正式实验的10篇叙述文本的小册子，每篇包括两页，第一页是文本正文，第二页呈现6个文本中提及的词，要求被试根据该词与文本中心事件的关系进行评定，标准从1（不密切）到7（非常密切）。这6个词中，2个被认为是与文本事件有密切关系的词，2个被认为是与文本事件关系不密切的词，2个是实验7用词频相关确定的中心词和边缘词，6个词随机排列。根据被试评定结果，每篇文本选出评价等级相差最大的两个词作为该文再认部分的目标词，等级最高的作为中心词，等级最低的作为边缘词。根据评定结果区分出来的中心词的平均等级为 5.28，边缘词为 3.22，差异非常显著，$t_{(9)} = 6.65$，$p<0.001$。尤其值得注意的是，在评定实验中，发现事件相关确定的中心概念和词频相关确定的中心概念不同，在这种评定中，词频相关中心概念不再认为是文本中心概念。

评定实验二的目的是确定事件相关的陪衬词。因为标题相关的陪衬词在第一个实验中已经评定过，因此本实验只评定事件相关的陪衬词。30 名大学生参加，评定开始，每人发给一份材料，上面有正式实验材料 10 篇文本，要求第一组被试从给出的 10 个词（其中部分在文本中出现过）中选出与文章中心事件相关最密切的 5 个词。对选出的词的频次进行统计，每篇文本分别选出 3 个频次最高的事件相关陪衬词。所选出来的事件相关陪衬词平均频次为 82%。

（四）结果与分析

记录再认探测词的平均反应时间和错误率。删除偏离平均数 3 个标准差的反应时，这样的数据占全部数据的 4.53%。实验结果见表 4-2。

表 4-2　事件相关方式确定的目标词在不同陪衬词条件下的再认情况

陪衬词	中心词		边缘词	
	RT	PE	RT	PE
标题相关	890.84±144.84	3.9	1041.50±180.60	9.6
事件相关	923.46±164.72	4.3	1006.52±177.71	9.7

注：RT=反应时（毫秒）；PE=错误率（%）。

对表4-2反应时数据进行两因素非重复测量的方差分析，结果表明，目标词类型主效应显著，$F_{1(1,68)} = 72.82$，$p < 0.001$；$F_{2(1,18)} = 8.89$，$p < 0.01$，中心目标词提取时间显著快于边缘目标词。陪衬词类型主效应不显著 $F_{1(1,68)} = 0.001$，$p = 0.98$；$F_{2(1,18)} = 0.005$，$p = 0.95$。陪衬词类型与中心词类型交互作用显著，$F_{1(1,68)} = 6.09$，$p < 0.05$；$F_{2(1,18)} = 0.69$，$p = 4.16$。简单效应分析表明，在标题相关陪衬词的干扰下，中心目标词的提取时间快于边缘目标词，反应时差为 150.66ms，$t_{1(32)} = -9.14$，$p < 0.001$；$t_{2(9)} = -2.15$，$p = 0.06$。而在事件相关陪衬词的干扰下，中心目标词的提取时间也快于边缘目标词，反应时差为 83.06，$t_{1(36)} = -3.91$，$p < 0.001$；$t_{2(9)} = -2.34$，$p < 0.05$。可见，虽然两种条件下，中心目标词提取时间都显著快于边缘目标词，但事件相关陪衬词条件下的目标词的反应时差小于标题相关陪衬词条件下的反应时差。这是因为标题相关陪衬词干扰条件下对中心词通达的时间干扰相对较小，事件相关陪衬词干扰条件下对中心词通达的时间干扰相对较大的缘故。

对表4-2错误率数据进行两因素非重复测量的方差分析，结果表明，目标词类型主效应显著，$F_{1(1,68)} = 19.13$，$p < 0.001$；$F_{2(1,18)} = 7.07$，$p < 0.05$，中心目标词错误率低于边缘目标词，差异非常显著。陪衬词类型差异不显著，$F_{1(1,68)} = 0.02$，$p = 0.89$；$F_{2(1,18)} = 0.03$，$p = 0.87$。陪衬词类型与中心词类型交互作用不显著，$F_{1(1,68)} = 0.02$，$p = 0.89$；$F_{2(1,18)} = 0.04$，$p = 0.85$。这进一步支持了反应时数据所得出的结论。

以上结果与本研究的设想相符合，当采用事件相关来确定中心概念的情况下，在标题相关陪衬词干扰下，中心概念的通达快于边缘概念。而且，即使是在采用事件相关的方式来确定陪衬词的情况下，也出现中心概念的通达优于边缘词的结果。并且，在两类陪衬词的干扰下，中心概念的错误率都显著低于边缘概念。可见，采用事件相关方式能够较准确地确定文本的中心概念，维持了中心概念比边缘概念更易通达的认识。

Rizzella & O'Brien（2002）研究中采用词频相关的确定方式来确定中心概念，得出在叙述文本中词频相关方式确定的中心目标词通达效果要优于边缘目标词的结果。然而，本研究认为，这个结果可能只是一般的记忆规律的体现，而不能说明词频相关方式可以准确地确定叙述文本中心概念。实验 9 准备对词频相关确定的中心概念与事件相关确定的中心概念的通达情况进行比较，从而对上述设想做出检验。

第三节　叙述文本事件相关和词频相关
中心的概念通达比较

（一）研究目的

通过实验 9 比较采用事件相关和词频相关两种方式确定的中心概念与边缘概念通达情况，哪种方式能更准确地确定文本中心概念。

(二) 研究方法

1. 被 试

华南师范大学 30 名本科生参加实验，所有被试均裸视或矫正视力正常，母语为汉语，无阅读障碍。

2. 实验材料

采用与实验 8 相同的 10 篇文本材料，为了防止陪衬词对不同中心确定方式的干扰不同，再认系列中的陪衬词都与主题无关。根据研究目的采用两种方式确定中心概念：一类是采用事件相关的方式确定中心概念与边缘概念（简称事件相关中心词与事件相关边缘词）；另一类是采用词频相关的方式确定中心概念与边缘概念（简称词频相关中心词与词频相关边缘词）。在同一个文本中，用事件相关方式确定的中心词与边缘词恰好是用词频相关方式确定的边缘词与中心词，或者反过来说，用词频相关方式确定的中心词与边缘词恰好是用事件相关方式确定的边缘词与中心词。

以下面第一篇文本为例，通过评定实验，"私奔"一词事件相关平均得分为 5.21，而"晚饭"一词与事件相关平均得分为 3.31，$t_{(9)} = 6.22$，$p < 0.001$，差异非常显著；但"私奔"一词在文本中只出现 2 次；而"晚饭"一词在文本中出现 4 次。这样，如果以事件相关确定中心概念，那么，"私奔"是中心目标词，"晚饭"是边缘目标词；反之，如果以词频相关确定中心概念，那么"私奔"则成为边缘目标词，而"晚饭"成为中心目标

词。其他文本再认词系列的确定与构成也是如此。实验材料如下。

材料：以事件相关方式和词频相关方式确定中心概念版本

1. 萨拉很难相信事情已发生 20 多年了。当她还在读高二时，她和约翰相爱了。他们想结婚但双方父母都希望他们能上大学。他们决定逃离家庭的束缚。一天**晚饭**后，萨拉从她窗子外面的梯子上爬下来。梯子是她**晚饭**后偷偷溜出来放到那里的。他们约好早晨 8：00 到达市中心会面。他们带走能凑集的所有钱。他们想乘火车去 200 公里外的一个小镇。萨拉仍能记得乘坐时的情景。她认为那真是一种浪漫的*私奔*方式。这让她想起了在旧电影中两个恋人*私奔*的情景。到达小镇的车站后，已经很晚了，他们还没有吃**晚饭**，而且萨拉意识到他们没有地方可住。别无选择，他们决定住到所能找到的最便宜的旅馆。幸运的是，不久他们找到了一处。**晚饭**后，他们好好休息了一下。第二天早晨，他们打算去镇礼堂办理结婚登记。他们不知道登记要 10 美元。他们花了仅剩的 10 美元。结婚的一个星期后，他们打电话给父母让父母知道他们一切都好。双方父母很快接受了他们结婚的事实。实际上，约翰的父母还为他们在自己的农场上提供了住的地方，直到他们能找到另一处住的地方。现在20 多年过去了，萨拉不能想象没有农场的生活。

事件相关方式再认词系列	词频相关方式再认词系列
火车站	火车站
私奔（中心词）	私奔（边缘词）

晚饭（边缘词）	晚饭（中心词）
牧师	牧师
房子	房子

2. 凯做空姐这个**工作**已经三个月了，现在即将开始她的第一次国际旅行。一般空服人员在国际飞行前必须有一年的飞行**工作**经验。凯非常喜欢她的**工作**，对这次的国际旅行感到很兴奋。凯尤其喜欢她的制服。她没想到这套制服配上浅蓝色的围巾那么好看。制服是深蓝色的，有金色的纽扣。凯认为它看起来非常的职业化。飞行当天，乘客上飞机时，凯热情地接待了他们，并帮助他们找到自己的位置。待所有人都坐好后，关上飞机门准备起飞。飞机刚刚离开地面，一个男人拿出刀子命令凯带他去见飞行员。他威胁说如果人们不合作，他就伤人。他把刀子逼近凯，再次要求她带他去见飞行员。凯看着刀子，浑身发抖。她问那个男人能不能把刀子从她脸上拿开。那个男人慢慢地把刀子移开，但是他说到达他的目的地之前，他不会把它收起来。当他们到达驾驶员座舱，男人要求飞机飞到古巴。面对**劫机**看来没有选择的余地，机长只好暂时合作，他呼叫了古巴的飞机场，告诉那里他们要到达的时间。后来的飞行很平静。飞机着陆后，那个男人向窗子外面望去，发现机场的所有出口都被警察封锁住了。他很快拉下窗子的帘子。他命令所有的人都在前门下机，他试图从后面的门出去。不幸的是，警察很快抓住了他。凯在事后还一直处在**劫机**时的恐惧中，她决定回到以前的**工作**中去。

157

事件相关方式再认词系列	词频相关方式再认词系列
钟表	钟表
劫机（中心词）	劫机（边缘词）
熊	熊
工作（边缘词）	工作（中心词）
云	云

3. 今天是艾米的五岁**生日**，她非常高兴。她把想要的东西列了一个长长的清单。艾米的妈妈已经为她做了一个特大的蛋糕。艾米非常想吃蛋糕，她翻抽屉找出一个叉子，把叉子放在桌子上蛋糕的旁边。妈妈让她离开蛋糕。艾米缠着妈妈说她饿了，想吃一些蛋糕。为了让她安静下来，不破坏她的食欲，妈妈给了她一颗口香糖。事实上，这口香糖是准备在晚宴的时候拿给她的，但是她妈妈决定现在让她吃一个。艾米嚼起口香糖，开始吹。为了让艾米离开蛋糕，不再闹事，她妈妈让她读自己列出的礼物清单。她清单上的第一个东西就是一辆新的脚踏车。妈妈笑了，因为艾米不知道父母已经把它买来了，正在**组装**。脚踏车是红色的，前面有一个黄色的篮子。实际上，在艾米读清单的时候，她的父亲正在车库里把它**组装**在一起。她的父母现在还没有确定什么时间把**组装**好的礼物送给她。如果他们在晚宴之前把它送给她，她就会在晚宴进行时就想骑。但是如果他们在晚宴之后才把**组装**好的自行车送给她，他们担心她认为他们什么东西都没有送给她，在晚宴的时候不好好配合。突然，前门传来敲门声，艾米打开门，是他们的邻居史密斯一家。他

们送给她一个大盒子，在她坐下之前，门铃又响了。**生日**晚宴开始了，艾米非常快乐。

事件相关方式再认词系列	词频相关方式再认词系列
天气	天气
手机	手机
组装（边缘词）	组装（中心词）
生日（中心词）	生日（边缘词）
门铃	门铃

4. 霍华德的理想是成为一名出色的音乐家，但是现在他面临一个困难的选择。他马上要从高中毕业，必须做出决定是上大学还是从事音乐方面的工作。他的父母想要他读大学，把吉他作为业余爱好。而霍华德认为吉他可以实现他的**梦想**，大学可以以后上。霍华德在当地的一家音乐商店兼职，在高中毕业后他可以做全职。在那里他有很多特殊的**优惠**，薪水也不少。他可以存钱买他一直想买的卡车，并希望能争取到最大的**优惠**。霍华德知道他可以好好利用卡车，他觉得可以用它拉着他的乐器去各地演出。它甚至有足够的空间放下他朋友的架子鼓。他们认为他们可以组建一个乐队。但是买车他没有争取到很大的**优惠**，只有靠自己支付。除了在商店赚的钱，霍华德还可以用演出赚的钱来支付。现在主要的问题在于霍华德没有争取到足够的**优惠**，他必须要有一个贷款担保人，他除了求助父母没有其他选择。他知道他们不会给他担保。当他让他的父亲为他签署贷款担保的时候，他父亲给了他一本400页的书，那是大学的一个目录册。他父亲已经看过，并且对有音乐课程的学校做

了记号。霍华德愤怒地将书丢进他的房间。很明显他父母仍然坚持要他上大学。同时，他感觉这会毁掉他想成为音乐家的**梦想**。他必须尽快地为他要做什么做出决定。

事件相关方式再认词系列	词频相关方式再认词系列
梦想（中心词）	梦想（边缘词）
优惠（边缘词）	优惠（中心词）
网络	网络
书画	书画
小猫	小猫

5. 露西期待这个**音乐会**已经很长时间了。露西想让她的室友陪她去，但是她的室友不喜欢古典音乐。因为找不到人和她一起去，她只买了一张门票。回到家后，为了不把门票弄丢，她想找到一个最合适的地方把它放好。露西经常会放错东西，不想把这个也放错，尤其是这门票花了她将近20美元。她认为她可以在卧室里找到合适的地方，因此她走上楼。最后，她决定把它放在化妆台的抽屉里。她把其他的贵重物品也都放在那里，因此她觉得把门票放在那里也是安全的。现在是12点，露西的室友快回来了，露西打算准备午餐。她下楼走进厨房。打开冰箱，她看到父亲送给她的新鲜**玉米**。这是他父亲在菜园里种的。露西和室友都喜欢**玉米**，露西决定用它来做三明治。当露西都准备好了，她的室友回来了。室友问她是否买到了**音乐会**的票。露西告诉她买到了，并让她尝尝她做的**玉米**三明治。室友尝过后说非常可口，**玉米**很新鲜，并问露西是否想看连续

剧。她们坐下来边吃边看电视。接下来的三个小时，她们两个看了几集连续剧。看完最后一集，她们都觉得没有比看连续剧能更好地消磨下午时间的方式了。她们很想知道连续剧后来发生了什么，都想明天接着看。

事件相关方式再认词系列	词频相关方式再认词系列
茶杯	茶杯
玉米（边缘词）	玉米（中心词）
音乐会（中心词）	音乐会（边缘词）
花瓶	花瓶
沙发	沙发

6. 苏珊刚刚毕业，正在**申请**工作。她想找一份与她所学的心理学知识对口的工作。苏珊对**申请**临床心理学这个领域的工作不感兴趣。她更喜欢实验和应用方面，因此她**申请**了马戏团训练员的工作。马戏团的工作可以充分地检验她的行为矫正技术学得怎样。她接到一个公司的电话，说看了她的工作**申请**。他们问了她几个问题，并想和她面谈。苏珊想把这个消息赶快告诉父母，大家可以庆祝一下。她想可以坐在门前的台阶上，吃着苹果等父母。她把它切成小片，放到一个纸盘里。苏珊刚刚坐下，看到母亲的车驶进了停车道。苏珊跑起来迎过去，高兴地告诉母亲**面试**的消息。对于**面试**，苏珊打算设计训练两只猴子玩的游戏。苏珊告诉母亲她还没有想好具体怎样设计，但是她说应该不难。母亲说如果需要帮忙，她可以帮她想。在和母亲谈话的时候，苏珊想起在大四那年，她有篇作业设计了一

个较简单的游戏。她觉得刚好可以把它用上。几分钟后，他的父亲也回来了，苏珊告诉他这个好消息。他们三人走进房子，决定今晚出去好好庆祝一下。他们决定去苏珊最喜欢的海鲜餐馆。

事件相关方式再认词系列	词频相关方式再认词系列
钢笔	钢笔
面试（中心词）	面试（边缘词）
抽屉	抽屉
申请（边缘词）	申请（中心词）
苹果	苹果

7. 泰利忙她的实验已经有 8 个月了，她在**思考**和从事一个非常有价值的*研究*。事实上，她最近获得了一个基金资助并且在国家癌症基金会找到工作。她对癌症早期阶段的情况比较感兴趣，并用小白鼠做实验。今天早晨当她到了实验室，她发现有些老鼠不见了。泰利很震惊，她不知道它们是怎样跑掉的。它们关在不同的笼子里，并且每只耳朵上都有标记。她叫来管理员，问他在早晨打扫卫生的时候，它们是否还在笼子里。管理员说在他打扫卫生时，碰倒了几个笼子，老鼠跑掉了，他抓不住。管理员向她道歉，并且说他会尽全力帮助她。泰利无法相信这个事实。这意味着她必须重新开始这个*研究*。泰利下楼走进她的办公室，坐进椅子里。她很生气，无法集中**思考**，但是也做不了什么。她站起来，把椅子推到墙边。泰利决定离开学校一会，找个地方好好**思考**一下怎么办。她看日程表是否有

空，确定自己这个时间没有什么安排后，她从桌子上拿起办公室钥匙，把钥匙放入包里离开了。开始，泰利不知道她要去哪里，后来她决定去一个小池塘，以前她经常在那里**思考**问题。她觉得那里的景色可以让她的心情平静下来。

事件相关方式再认词系列	词频相关方式再认词系列
思考（边缘词）	思考（中心词）
小狗	小狗
线团	线团
手表	手表
研究（中心词）	研究（边缘词）

8. 乔舒亚很喜欢和他的三个朋友一起打高尔夫球。他们有一个习惯，每次在不同的**场地**打球，每周三傍晚都要打一次。通常，他们会2个和2个对打。乔舒亚相当迷信，每次进**场地**打球都要戴着他的幸运帽子。他觉得只要戴着这顶帽子，他就会打好，而且会获胜。而事实上，他这样迷信也是有原因的。乔舒亚和他的同伴最近三次打球都赢了。每次打球之前，他们都会打一个赌，输的一方要给赢的一方买一杯啤酒。这周，乔舒亚差点输掉了这免费啤酒。打完球，他们走**出场地**走进俱乐部。他们让乔舒亚感觉很难堪，因为他们又给他买了啤酒。他这次打得很糟，而且对方也认为他不应该享受这个。他们四个人坐下来谈论刚才的**比赛**。对方中的一个人对乔舒亚打得那么糟糕还会赢感到很惊奇。而且，在最后一个球，乔舒亚没有击中，他却把球打进了槽里。庆幸的是，乔舒亚的同伴发挥得非

常好，乔舒亚有机会为自己的失球增加两次击球机会，才使得他打进了**比赛**开始后的第一个球。他们谈话的时候，乔舒亚看了记分卡，重新计算他们的分数是否正确。确定无误后，他感觉很沮丧，把记分卡扔到桌子的中间。离开时，他们开始商量下周在哪个高尔夫**场地**打球。

事件相关方式再认词系列	词频相关方式再认词系列
曲别针	曲别针
商店	商店
比赛（中心词）	比赛（边缘词）
同事	同事
场地（边缘词）	场地（中心词）

9. 金刚刚在镇上的一家快餐店找到工作。报酬还可以，但这不是她暑假打算做的工作。她原本想在镇上的百货商店工作，但是那里不招收暑期工。金并不失望，毕竟她只是晚上在快餐店工作，而且白天可以去海滩。那里离她家只有 15 分钟的路程，因此除了下雨她几乎每天都会去海滩。部分原因是因为在那里可以遇到很多朋友，可以知道很多新消息。金也很喜欢在海滩上休息、晒太阳和捡贝壳，她有**收藏**贝壳的爱好。尽管在快餐店的工作不是很坏，它也有它的缺点。如果她在商店工作，就可以**挣钱**更多。而且可以在不同的促销时期享受打折的优惠，尤其可以在优惠期，买她喜欢的香水，甚至可以多**收藏**一些。一般情况下，这种香水一盎司（28 克）要 10 美元。商店有各种

她喜欢的衣服，可以充实她的衣柜。另外，金喜欢**收藏**各种各样的发夹。不过现在不再是**收藏**问题，她更需要一个新的发夹。她现在用一条发带束住头发。因为她头发太长，她需要用发夹把头发给夹上。而且她的发带相当旧了，末端已经有些磨损了。虽然金只工作了一个星期，她很想快点得到她的第一笔报酬。她喜欢自己**挣钱**的感觉。现在，她不得不穿上工作服，去快餐店工作。

事件相关方式再认词系列	词频相关方式再认词系列
收藏（边缘词）	收藏（中心词）
台灯	台灯
鞋子	鞋子
挣钱（中心词）	挣钱（边缘词）
头发	头发

10. 提姆做警察已经 5 年了，刚刚被提升为侦探。他对处理第一个案件非常兴奋，他期待着能尽快接到上司让他去处理案件的**通知**。他觉得以前的训练会帮助他处理在外面发生的事情。他的办公桌一直挺杂乱，平时他就坐在他杂乱的办公桌前阅读。正当提姆看到报纸的体育版时，他接到了一个电话。有人报警附近的公寓里有人**抢劫**。提姆**通知**了警察局的其他人，然后抓起他的夹克跑向自己的汽车。他开动汽车，打开警报器，迅速赶往公寓，他是第一个到达案发现场的人。他仔细地检查大楼和停车区，查看**抢劫**嫌疑人是否还在这里。他注意到打碎的玻璃散落在公寓前的人行道上，公寓的前门上有五六个子弹孔。提姆知道要等另外一个办案人员到来，他想看一下公寓里是否

有人受伤。他慢慢地接近前门，轻轻地敲门。一个老妇人听到敲门声，从猫眼里往外看。她看到提姆是个侦探，就把门打开了。他问她关于所发生事件的一些问题。她告诉提姆罪犯已经离开 10 分钟了。提姆马上**通知**警察局的人罪犯仍然在逃。长官告诉他留在那里，继续向其他居民调查情况，并等待后续**通知**。

事件相关方式再认词系列	词频相关方式再认词系列
冰箱	冰箱
通知（边缘词）	通知（中心词）
抢劫（中心词）	抢劫（边缘词）
雪花	雪花
伞	伞

3. 设计与程序

采用 2×2 被试内材料内设计。有两个自变量，一个是中心词确定方式，分两个水平：事件相关方式和词频相关方式；另一个自变量是目标词类型，也分两个水平：中心目标词和边缘目标词。因变量是再认目标词的反应时间与正确率。

实验程序与实验 7 大致相同，只是所有的被试都读一个系列的文章。

(三) 评定实验

事件相关中心概念评定。具体程序与实验 8 第一个评定实验相同，30 个大学生参加。根据评定结果区分出来的中心词的平均等级为 5.21，边缘词为 3.31，差异非常显著，$t_{(9)} = 6.22$，$p<0.001$。

(四) 结果与分析

记录再认探测词的平均反应时间和错误率。删除偏离平均数 3 个标准差的反应时，这样的数据占全部数据的 4.33%。实验结果见表 4-3。

表 4-3　不同文本中心方式确定的目标词再认情况比较

中心确定方式	中心词			边缘词		
	RT	SE	PE	RT	SE	PE
事件相关	806.74	155.69	1.0	885.31	161.54	3.6
词频相关	885.31	161.54	3.6	806.74	155.69	1.0

注：RT＝反应时（毫秒）；SE＝标准差；PE＝错误率（%）。

表 4-3 实际上是对称的数据，根据本实验的设计，在同一个文本中，用事件相关方式确定的中心词与边缘词恰好是用词频相关方式确定的边缘词与中心词，按照这个设计逻辑，表 4-3 的数据中，哪一种确定方式所确定的中心目标词通达优于边缘目标词，则表明采用这种确定方式更能准确地确定中心概念。对表 4-3 反应时数据进行两因素重复测量的方差分析，结果表明，确定方式与目标词类型被试检验交互作用非常显著，项目检验边缘显著，$F_{1(1,29)} = 30.71$，$p<0.001$；$F_{2(1,9)} = 3.83$，$p = 0.08$。简单效应分析表明，事件相关方式确定的中心目标词通达时间低于用词频相关确定的中心目标词，差异非常显著：$t_{1(29)} = -5.54$，$p<0.001$；$t_{2(9)} = -1.95$，$p = 0.08$，由此可见，事件相关确定方式更能准确地确定中心概念。

同样，对表4-3错误率数据进行两因素重复测量的方差分析，结果表明：确定方式与目标词类型交互作用显著，$F_{1(1,29)} = 16.52$，$p < 0.001$；$F_{2(1,9)} = 6.21$，$p < 0.05$。简单效应分析表明，事件相关方式确定的中心目标词的错误率低于词频相关确定的中心目标词，达到边缘显著：$t_{1(29)} = -1.98$，$p = 0.058$；$t_{2(9)} = -1.63$，$p = 0.14$。这个结果进一步说明事件相关确定方式更能准确地确定中心概念，事件相关方式中心目标词通达时间上的优势不是以牺牲准确率为代价的。

根据本实验结果可以认为，确定文本中心概念的最恰当方式应该是事件相关，而不是词频相关。以往的研究包括 Rizzella & O'Brien（2002）研究采用词频相关的方式确定中心概念，得出高频词比低频词通达效果好的结果，只是一般记忆规律的体现，而不是反映了文本阅读的特点。

第四节　研究二讨论

以往的大量实验表明，有很多因素能够影响背景信息与当前工作记忆内容的共振（Cirilo & Foss，1980），究竟哪一个因素是影响信息重新激活的最重要的因素，O'Brien 用概念提及的次数作为影响重新激活的重要因素。O'Brien 提出的这种词频相关中心方式主要是根据记忆基础文本加工理论中的共振模型提出的。共振模型认为（Kintsch & Keenan，1973），影响信息激活的主要原因是当前信息与文本信息在概念特征上的重叠程度，其中精细阐述作为主要的因素，对概念的激活产生影响。因此，他们采用概念在文本中的阐述次数多少确定文本中心。而这种激活只是限于文本的字词水平的激活，是一般记忆规律的表现，而不是文本主题信息的激活。而笔者认为影响信息激活的最重要因素是文本情境模型水平上的信息激活而不是字词水平上的概念精细阐述的次数，本研究也证明确实存在情境模型水平上的信息激活。

实验 7 在中文条件下验证了在叙述文本阅读中用词频相关确定的中心概念无论有无主题相关陪衬词的干扰，中心概念的提取比边缘概念的提取更快、更准确；另外，无法以标题相关确定文本中心概念。实验 8 采用事件相关来确定中心概念，结果表明，在与标题相关陪衬词的干扰下，中心概念的通达快于边缘词；而以事件相关方式确定陪衬词条件下，以事件相关确定的中心目标词的通达仍然显著快于边缘目标词。实验 9 采用事件相关和词频相关两种方式确定中心概念与边缘概念，结果表明，事件相关确定的中心概念比词频相关确定的中心概念通达速度更快。因此，本研究结果表明，在叙述文本的阅读中，也存在另外一种中心——事件相关中心，这种文本中心无论在脚本中还是在叙述文本中都更具有适用性。这种中心确定的文本中心概念，无论在标题相关干扰词的情况下，还是事件相关中心干扰词的情况下，都较少地受到干扰，维持了文本中心概念比边缘概念较快通达的认识，而且事件相关方式相对于词频相关方式能够更好地体现文本中心。

第五章　综合讨论与结论

第一节　综合讨论

一、文本阅读中概念提取机制的探讨

本研究通过一系列实验证明，事件相关文本中心方式可以更好地体现文本中心，无论在脚本文本还是叙述文本中，都体现了中心概念的通达优势。文本中心概念确定方式问题之争，实质上是关于文本阅读不同理论之争的体现。

文本记忆加工理论认为，在阅读过程中，新阅读的句子所

蕴含的概念和命题以及存在于工作记忆中的信息都自动向长时记忆发送信号，背景信息则依据与这些信号的匹配程度快速地得到不同程度的重新激活，通过这种"共振"的方式激活已经进入长时记忆的有关文本信息，维持激活的文本背景信息与当前工作记忆中的文本信息的连贯性。这样，文本中多次提及的概念由于在阅读过程中会多次被共振激活，因此处于读者注意的中心，成为文本的中心概念。这就是 O'Brien 等人主张词频相关确定中心概念的缘由。

而建构主义理论认为，阅读是一个积极的、策略加工的过程，在文章的自然阅读过程中，读者会主动地激活背景知识，将当前的信息与先前的信息进行建构与整合，形成文章的情境模型，并不断追随新阅读的信息对已建立的文本表征进行更新，将更新后的模型带到下一步的阅读中去。正是由于读者在阅读过程中即时地不断建构与更新情景模型，因此，与情景模型密切相关的词才是文本的中心概念。据此，Yekovich & Walker 等建构主义者认为应该以主题相关方式来确定文本的中心概念，只不过他们认为可以采用标题相关来定义主题相关。

建构主义心理学家不满意字词水平上文本中心的确定方式，而主张在情境模型水平上确定中心概念，这个思路是正确的，但是，他们未能找到如何在情景模型水平上确定中心概念的方法，而主张采用标题相关的方式来确定。这种确定方式的合理性是值得质疑的。第一，文本的标题不一定就体现了文本的中心事件。作为文章的标题一般会与文章的中心事件有关，但是不一定是文章的中心事件或中心事件的反映，在这种情况下，与文本标题密切相关的词，就可能只是与标题的世界知识有密切关系，而不是与文本的情景模型有密切关系。第二，即使文本标题体现了文本的中心事件，但是人们在确定词与标题相关程度时，不一定是根据标题体现的文本中心事件来考虑，而可能是根据标题体现的一般世界知识来考虑。这样，人们根据判断为文本标题相关密切的词，不一定就是与文本的情景模型关系密切的词，也可能是那些与主题关系并不大、只是与文本标题在一般世界知识方面有较密切联系的词。

莫雷在总结分析前人关于文本阅读信息加工的研究结果及理论的基础上，结合前期有关研究结果，提出文本阅读的双加工理论。认为读者在阅读中进行何种信息加工活动取决于阅读材料的性质，不同的阅读信息可能会产生不同的加工活动。在文本阅读中可以有记忆基础文本加工理论提出的通过共振激活长时记忆的信息并进行整合这样的加工活动，也可以有建构主义提出的与目标行为有关而产生的目标整合的加工活动。前一种整合加工是一种被动的、消极的整合，其目的在于维持阅读信息的连贯性；后一种整合是一个主动的、积极的建构过程，充分体现出阅读过程的主体性与概念驱动。根据这一观点，莫雷提出文本阅读过程的双加工模型理论。该理论的基本要点是：阅读过程是连贯性阅读与焦点阅读的双加工过程，在阅读过程中，读者所阅读的信息不同，产生的信息加工活动也不同，读者会根据阅读的文本信息的性质交替发生不同的加工活动。

第一种加工活动是焦点阅读加工。文本中关于目标的、因果的句子，往往可以引起读者对后续信息意义的期待和关注，成为读者阅读的焦点，这类信息称为"焦点"信息。如果进入的文本信息是可以引发读者对后续信息产生期待的焦点信息，随后的阅读是围绕焦点进行的，直到焦点发生整合。在这种情况下，读者进行的就是焦点阅读加工活动，其主要任务是有目的地建构课文意义的表征，维持文本局部连贯和整体连贯，解释文本中提到的行为、事件和状态的原因。

第二种加工活动是连贯阅读加工。如果文本中没有关于目标或因果的具有引发作用的"焦点"信息，进入的是"非焦点"信息，读者就不对后续信息进行期待或预期，而是随着故事的叙述阅读下去，在这个过程中，读者不需要有意识地搜寻与当前所读文本有关的信息，也不会对阅读的信息进行不断更新、追随建构。在这种情况下，读者进行的就是连贯阅读加工活动，其主要任务是维持文本语义的局部连贯或整体连贯。

简言之，在文本阅读过程存在连贯性加工与焦点加工两种不同性质的加工模式，记忆文本加工理论主要揭示的是连贯性阅读加工的性质与特点，而建构主义理论主要揭示的是焦点阅读加工的性质与特点。

本研究根据莫雷提出的阅读双加工理论（莫雷，王瑞明，何先友，2003；莫雷，冷英，2005；莫雷，王瑞明，冷英，2012；王瑞明，莫雷，2004），提出了事件相关确定文本中心概念的方式。文本阅读双加工理论认为，在阅读过程中，读者根据所阅读的不同信息会进行连贯性阅读与焦点阅读两种不同的加工活动。当阅读一般文本时，读者所进行的是连贯性阅读，将新进入的信息与保持在工作记忆中的文本信息发生联系形成文本表征；而在阅读有明确的因果信息或目标信息的脚本文本时，读者会对文本中的目标信息、因果信息形成焦点，在这个焦点的监控下对随后的信息进行主动的、策略的激活与建构，形成文本的逻辑连贯，即情境模型。因此，在焦点阅读条件下，文本的中心概念就是与读者建构情境模型过程关系最密切的词。据此，本研究提出用事件相关确定文本中心概念的方式，力图能正确地体现在情境模型水平上确定中心概念的思路。

笔者认为，文本阅读情境模型的建构应该是一个循环加工整合的发展过程。在这个过程中，当前信息会不断积极的、策略的激活背景中的有关信息（Kintsch，1988），并被整合到先前的记忆表征中去，从而使形成的情境模型不断得到更新（Rizzella & O'Brien，2002）。因此，在这个基础上，笔者认为事件相关的中心概念能够体现文章阅读中形成的情境模型。中心概念与文本中的其他概念联系紧密，再认提取时更易通达。而O'Brien等人主张的记忆基础文本加工理论认为阅读过程中信息加工机制是当前信息通过快速的、被动的、消极的共振加工，激活有关背景信息，阅读过程中的信息激活是为了维持局部连贯和整体连贯，阅读完文本后最终建立一个情境模型。正是在这一点上，虽然他们也强调概念之间的连接性，但是他们不认为情境模型是即时建构的过程，忽视了概念在情境模型水平的连接性，而只是停留在字词水平上。因此，这种中心确定方式是有局限性的，不足以代表文本中心。前一个研究在脚本文本中通过实验证明了事件相关比词频相关更好地体现文本中心，本研究在叙述文本中也同样证明了这一结论。

二、市研究的贡献与不足

本研究在前人研究的基础上，探讨了文本中心的三种确定方式（事件相关、标题相关、词频相关）的概念通达情况。三种不同的确定方式反映了不同水平的信息通达。信息通达有两种水平：字词水平和情境模型水平。本研究支持了文本阅读中的情境模型是即时建构的过程，在脚本文本和叙述文本中，因为其主题明确，情境模型的更新一直围绕这一事件主题建构。因此，事件相关的文本中心确定方式显示出情境模型水平的优先激活。

虽然本研究取得了一些实质性的进展，但是由于多方面的限制，本研究还存在很多不足。主要表现在以下几个方面：

（1）本研究探讨了叙述文本和脚本文本的概念通达情况，并认为以描述性事件为主的文章，都应该通过"事件相关"的方式来确定，即首先确定文本的中心事件，然后根据与该中心事件相关程度来确定中心概念，这样的中心概念，才真正体现出文本的主题，无论在什么情况下，都应该维持中心概念快于边缘概念提取的认识。究竟是否如此，如在以描述性事件为主的其他文本中如说明文、叙事散文等是否也是如此，还要通过进一步的实验研究进行深入的探讨。

（2）本研究对比了概念在情境模型水平与词语水平上的通达情况，得出在不同的文本中心确定方式下，概念在不同水平的通达优势不同的结论。至于在某一种中心确定方式下，情境模型水平的激活和字词水平的激活怎样交互起作用，这有待于通过实验进一步探讨。

（3）在研究方法上，目前对文本概念提取的研究都是采用的回忆和再认的延时方法，如果采用实时（on-line）的研究方法，如眼动技术、脑功能磁共振技术或者事件相关电位技术等，或许会得出另外不同的结论。而且这对于揭示阅读理解中概念提取的内在机制和活动规律具有重要的意义。

<h2 style="text-align:center">第二节 结 论</h2>

文本阅读中概念提取的研究是当前概念提取研究中的一个重要方面，当前概念提取的研究存在一个重要分歧：中心概念比边缘概念更快提取还是相反。虽然不同的研究得出不同的结论，但都力图揭示文本阅读中概念提取的信息加工机制。笔者认为，文本中心确定方式是影响概念通达的最主要的因素。本书提出了一种新的文本中心确定方式——"事件相关"中心确定方式，设计了两个系列的实验探讨事件相关方式确定的中心概念分别在脚本文本和记叙文本中的通达情况，并与前人所用的词频相关或标题相关方式确定的中心概念进行比较。

研究一探讨事件相关方式在脚本文本中的概念通达情况，共包括6个实验。实验1和实验2在中文条件下重复了Rizzella & O'Brien（2002）的研究，比较词频相关与标题相关两种方式确定的中心概念的通达情况，得出基本相同的结果。实验3和实验4探讨采用事件相关确定的中心概念的通达情况，结果表明，采用事件相关确定的中心概念，其通达效果比标题相关中心概念有显著的优势。实验5和实验6进一步比较了事件相关中心概念与词频相关中心概念的通达效果，结果表明，事件相关中心词通达效果显著优于词频相关中心词，并且事件相关中心词通达效果不受其出现频率的影响。

　　研究二探讨事件相关方式在叙述文本中的概念通达情况，也包括 3 个实验。实验 7 重复了 Rizzella & O'Brien（2002）的研究，在中文条件下得出与该研究叙述文本一致的结果。实验 8 探讨采用事件相关确定的中心词的通达情况，结果表明，在叙述文本中，标题相关的陪衬词干扰下，事件相关中心词通达效果显著优于边缘词，而且即使在事件中心陪衬词的干扰下，事件相关中心词通达效果也显著优于边缘词。实验 9 进一步比较了事件相关中心概念与词频相关中心概念的通达效果，结果表明，叙述文本中，事件相关中心词通达效果也显著优于词频相关中心词。

　　本书的一系列研究表明，概念通达有两个水平：词汇水平通达和情境模型水平通达。在脚本文本和叙述文本中都存在另外一种中心确定方式：事件相关中心。这种中心确定方式较其他文本中心方式能够更好地显示文本中心概念通达的优势，表现在中心概念比边缘概念能够更快通达，体现了情境模型水平的通达优势。

参考文献

[1] Albrecht, J. E., & O'Brien, E. J. (1991). Effects of centrality on retrieval of text – based concepts. *Journal of Experimental Psychology Learning Memory & Cognition*, *17* (5), 932.

[2] Albrecht, J. E., & O'Brien, E. J. (1993). Updating a mental model: Maintaining both local and global coherence. *Journal of Experimental Psychology: Learning, Memory & Cognition*, *19*, 1061–1070.

[3] Barasalou L W. (1999a). Language comprehension: Archival memory or preparation for situated actions. *Discourse Processes*, 28: 61–80.

[4] Barsalou, L. W. (1999b). Perceptual Symbol Systems. *Behavioral and Brain Sciences*, 22, 577–660.

[5] Bower, G., & Morrow, D. (1990). Mental models in narrative comprehension. *Science*, 247, 44–48.

[6] Britton, B. K., Meyer, B. J., Hodge, M. H., & Glynn, S. M.

(1980). Effects of the organization of text on memory: tests of retrieval and response criterion hypotheses. *Journal of Experimental Psychology Human Learning & Memory*, 6 (5), 620-629.

[7] Cirilo, R. K., & Foss, D. J. (1980). Text structure and reading time for sentences. *Journal of Verbal Learning & Verbal Behavior*, *19* (1), 96-109.

[8] Duffy, S. A., & Rayner, K. (1990). Eye movements and anaphor resolution: Effects of antecedent typicality and distance. *Language and Speech*, *33* (2), 103-119.

[9] Feldman, J. A., & Ballard, D. H. (1982). Connectionist models and their properties. *Cognitive Science*, *6* (3), 205-254.

[10] Fletcher, C. R. (1981). Short-term memory processes in text comprehension. *Journal of Verbal Learning & Verbal Behavior*, *20* (5), 564-574.

[11] Fletcher, C. R., & Bloom, C. P. (1988). Causal reasoning in the comprehension of simple narrative texts. *Journal of Memory & Language*, 27 (3), 235-244.

[12] Galotti, K. M. (2014). *Cognitive psychology in and out of the laboratory*. SAGE Publications.

[13] Graesser, A. C., Singer, M., & Trabasso, T. (1994). Constructing inferences during narrative text comprehension. *Psychological Review*, *101*, 371-395.

[14] Just, M. A., & Carpenter, P. A. (1992). A capacity theory of comprehension: individual differences in working memory. *Psychological Review*, *99* (1), 122-149.

[15] Kintsch, W. (1988). The role of knowledge in discourse comprehension: a construction-integration model. *Psychological Review*, *95* (2), 163-

182.

[16] Kintsch, W., & Keenan, J. (1973). Reading rate and retention as a function of the number of propositions in the base structure of sentences ☆. *Cognitive Psychology*, *5* (3), 257–274.

[17] Kintsch, W., & van Dijk, T. A. (1978). Toward a model of text comprehension and production. *Psychological Review*, *85* (5), 363–394.

[18] McKoon, G., & Rateliff, R. (1992). Inferences during reading. *Psychological Review*, *99*, 440–466

[19] McKoon, G., & Ratcliff, R. (1998). Memory–based language processing: Psycholinguistic research in the 1900s. *Annual Review of Psychology*, *49*, 25–42.

[20] Mo L., Chen H., Li Y., Chen Z. He X (*2007)* . Effects of Event–Related Centrality on Concept Accessibility. *Discourse Processes*, 43 (3): 229–254.

[21] Mo, L., Liu, H. L., Jin, H., Ng, Y. B., & Lin, C. D. (2006). Passive reactivation of background information from long–term memory during reading. *NeuroReport*, 17, 1887–1891.

[22] Myers, J. L., & O'Brien, E. J. (1998). Accessing the discourse representation during reading. *Discourse Processes*, *26* (2 – 3), 131–157.

[23] O'Brien, E. J. (1987). Antecedent search processes and the structure of text. *Journal of Experimental Psychology Learning Memory & Cognition*, *13* (2), 278.

[24] O'Brien, E. J., Myers, J. L. (1987). The role of causal connections in the retrieval of text. *Memory & Cognition*, 15: 419–427

［25］ O'Brien, E. J., Myers, J. L, Goldman S. R., Graesser A. C. & Broek, P (1999). Text comprehension: A view from the bottom up. In: S. R. Goldman, A. C. Graesser, P. van den Broek. Eds. *Narrative comprehension, causality, and coherence: Essays in honor of Tom Trabasso*. Mahwah, NJ: Erlbaum, 35–53.

［26］ O'Brien, E. J., Rizzella, M. L., Albrecht, J. E., & Halleran, J. G. (1998). Updating a situation model: A memory–based text processing view. *Journal of Experimental Psychology: Learning, Memory, and Cognition*, 24, 1200–1210.

［27］ Rizzella, M. L., & O'Brien, E. J. (2002). Retrieval of concepts in script – based texts and narratives: the influence of general world knowledge. *Journal of Experimental Psychology Learning Memory & Cognition*, *28* (4), 780.

［28］ Singer, M., Graesser, A. C., & Trabasso, T. (1994). Minimal or global inference during reading. *Journal of Memory & Language*, *33* (4), 421–441.

［29］ Stanfield, R. A., & Zwaan, R. A. (2001). The effect of implied orientation derived from verbal context on picture recognition. *Psychological Science*, *12* (2), 153–156.

［30］ Trabasso, T., & Sperry, L. L. (1985). Causal relatedness and importance of story events ☆. *Journal of Memory & Language*, *24* (5), 595–611.

［31］ van den Broek P, Risden K, Fletcher C R, Thurlow R. (1996). A "Landscape" View of Reading: Fluctuating Patterns of Activation and the Construction of A Stable Memory Representation. In Britton B K & Graesser A C (Eds.). *Models of Understanding Text*. Hillsdale, NJ:

Lawrence Erlbaum Associates, 165-187.

[32] van Dijk, T. A., & Kintsch, W. (1983). Strategies of discourse comprehension. *Modern Language Journal*, 69 (2).

[33] Wang, R. M., Mo, L., He, X. Y., Smythe, I., & Wang, S. P. (2010). The resolution of activated background information in text comprehension. *International Journal of Psychology*, *45*, 241-249.

[34] Yekovich, F. R., & Walker, C. H. (1986). Retrieval of scripted concepts. *Journal of Memory & Language*, 25 (5), 627-644.

[35] Zwaan, R. A., & Radvansky, G. A. (1998). Situation models in language comprehension and memory. *Psychological Bulletin*, *123* (2), 162-185.

[36] Zwaan, R. A., & Yaxley, R. H. (2003a). Spatial iconicity affects semantic relatedness judgments. *Psychonomic Bulletin & Review*, *10* (4), 954-958.

[37] Zwaan, R. A., & Yaxley, R. H. (2003b). Hemispheric differences in semantic-relatedness judgments. *Cognition*, *87* (3), B79-B86.

[38] Zwaan, R. A., Madden, C. J., Yaxley, R. H., & Aveyard, M. E. (2004). Moving words: dynamic representations in language comprehension. *Cognitive Science*, *28* (4), 611-619.

[39] Zwaan, R. A., Magliano, J. P., & Graesser, A. C. (1995). Dimensions of situation model construction in narrative comprehension. *Journal of Experimental Psychology Learning Memory & Cognition*, *21* (2), 386-397.

[40] Zwaan, R. A., Stanfield, R. A., & Yaxley, R. H. (2002). Language comprehenders mentally represent the shapes of objects. *Psychological Science*, *13* (2), 168.

［41］陈红敏，莫雷，冷英.（2005）.文本阅读中概念提取的研究进展.
　　　心理科学, 28（2），491-493.

［42］陈红敏，莫雷，王瑞明.（2006）.叙述文本中中心概念的确定方
　　　式及其通达.*心理科学, 29（1）*，115-119.

［43］迟毓凯，莫雷.（2005）.论文本阅读认知研究的演变.*陕西师范
　　　大学学报（哲学社会科学版），34*（2），123-127.

［44］葛鲁嘉.（1994）.联结主义：认知过程的新解释和认知科学的新
　　　发展.*心理科学*(4)，237-241.

［45］冷英.（2004）.*文本阅读中目标信息整合方式研究.*（博士论文，
　　　华南师范大学）.

［46］李莹，王瑞明，莫雷.（2005）.物体隐含的形状信息对图片再认
　　　的影响.*心理科学, 28*（3），588-590.

［47］李莹，张金晖.（2016）.文本阅读中一般世界知识在空间情境模
　　　型更新作用的实验研究.*心理研究, 9*（5），29-35.

［48］莫雷，冷英.（2005）.目标焦点监控下目标信息的建构与整合.
　　　心理学报, 37（1），41-50.

［49］莫雷，赵冬梅.（2003）.句子完成与时间缓冲对信息整合的启动
　　　作用.*心理学报, 35*（3），323-332.

［50］莫雷，王瑞明，何先友.（2003）.文本阅读过程中信息的协调性
　　　整合.*心理学报, 35*（6），743-752.

［51］莫雷，王瑞明，冷英.（2012）.文本阅读双加工理论与实验证据.
　　　心理学报, 44（5），569-584.

［52］莫雷，王穗苹，王瑞明.（2006）.文本阅读研究百年回顾.*华南
　　　师范大学学报（社会科学版）*（5），128-140.

［53］王瑞明.（2006）.*文本阅读中信息的协调性整合研究.*（博士论
　　　文，华南师范大学）.

[54] 王瑞明，莫雷. (2004). 文本阅读中协调性整合的条件. *心理学报, 36*（1），15-23.

[55] 王瑞明，莫雷，闫秀梅. (2006). 文本阅读研究的技术模型和新观点. *心理科学进展, 14*（3），346-353.

[56] 王穗苹. (2001). 当前篇章阅读研究的争论与分歧. *心理科学, 24*（3），338-341.

[57] 王穗苹，莫雷. (2001). 篇章阅读理解的认知研究. *华南师范大学学报（社会科学版）,*（4），101-108.

[58] 王穗苹，莫雷. (2001). 篇章阅读理解中背景信息的通达. *心理学报, 33*（4），312-319.

[59] 王穗苹，陈烜之，邹艳春，莫雷. (2004). 语篇理解中背景信息的激活：情景限制的共振过程. *心理学报, 36*（6）：644-653.

[60] 沃建中. (1996). *智力研究的实验方法.* 浙江人民出版社.

[61] 吴建民. (1999). 移动窗口方法评析. *心理发展与教育, V15*（1），45-49.

[62] 阎国利. (1997). 阅读研究方法综述. *心理科学*(3)，265-267.

[63] 杨治良，孙连荣，唐菁华. (2012). *记忆心理学. 第3版.* 华东师范大学出版社.

[64] 张必隐. (2004). *阅读心理学.* 北京师范大学出版社.

[65] 张向葵，关文信，孙树勇. (1997). 图式理论在语文阅读理解中的应用. *心理发展与教育, V13*（4），58-61.

附　　录

附件 1　实验指导语

欢迎参加本实验！本实验不会对你产生任何不良影响，但你的实验结果对本研究具有重要意义，所以实验过程中请务必严肃认真！在实验室中请保持安静，不要跟任何同学交流！

请按照自己的速度来阅读呈现在计算机屏幕上的短文，短文以窗口的方式呈现，并且每次只呈现一行。每篇短文开始时，屏幕中心出现准备信息，当你准备好后，请按空格键，每次按键都会使前一句话消失而出现下一句话。每篇短文读完以后，会出现一串"＊＊＊"，接着是一个是非判断的词，请你根据刚刚读过的短文内容进行判断是否在文章中出现过，若判断为是，则按下键盘上的"F"键，若判断为否，则按下键盘上的"J"

键，如果你判断错误或者超过 5 秒没有反应，屏幕上会呈现"错误"二字以示提示，持续 500 毫秒以后自动消失；如果你判断正确，不会有任何提示信息。然后呈现下一个是非判断的词。一篇短文读完以后再读下一篇，总共有 10 篇短文。为保证正确回答所有文章后面的阅读理解题目，请你务必仔细认真阅读每一个句子，每篇文章阅读过程中请不要休息。

实验步骤：

1. 用鼠标点击［练习］进行 2 篇文章的练习（练习文不对错误信息进行提示）。

2. 练习结束后，用鼠标点击［测试］，请正确输入姓名（或学号）、性别、编组（请按主试要求输入）和年龄。

3. 用鼠标点击［确定］，进行正式实验。

附件 2　练习材料

爱因斯坦是世界上/最伟大和杰出的物理学家。他/发现了著名的"相对论"，但/是他在生活上一直都非常/简朴。他从不讲究穿着，有/时候衣服穿了很久，很破，但/他仍然洗得干干净净的穿着。/有一次，他参加一个/重要的宴会，与会的人/穿着都很入时，只有他衣着/简朴。有个人向他/提意见说："您是世界知名/人士，没有人不认得您，/您应该讲究一下穿着。"/爱因斯坦微笑着说："既然/大家都认识我，那么/我就更

没有必要打扮了。" /

再认词系列

宴会

世界

电脑

手稿

鼠标

杰森喜欢在清晨锻炼。如果一天/不锻炼，他会一整天感到不舒服。/杰森刚庆祝八十一岁寿辰。他走路/开始站不稳了。他常对别人说现在他/年老了，锻炼时必须带上拐杖，才能/蹒跚地走完全程。/今天清晨，玛丽站在自己的面包店/外。杰森见到她就停下与她交谈/起来。他们一直是好朋友。他们/谈论了炎热的天气。过去三个月，/气温很高并持续干旱。很快政府将/限量供水。交谈之际，杰森看到/一名男孩从单车上摔下来，受了伤。/此时，远处一辆卡车飞速驶来。/杰森飞奔过去抱起男孩而这时/卡车发出刺耳的刹车声。/所有人都松了一口气。玛丽/马上跑进屋里打电话叫救护车。/

再认词系列

供水

盒子

救护车

椅子

蝎子